Mutig nach innen

Liebe Kati,
auf weitere R[illegible]ten
mit dem Buch
Alles Liebe von Heike.

Mutig nach innen

Finde im Dialog mit inneren Bildern
Lösungen in deinem Unterbewusstsein

Heike Sansoni

Impressum

Autorin und Gesamtverantwortliche:
Heike Sansoni
Bamberger Str. 48a
10779 Berlin
heike.sansoni@synergetik-berlin.de

1. Auflage 2022
ISBN: 978-3-9824939-0-9

Inhaltsverzeichnis

Vorwort

Dieses Buch ist ein Plädoyer für die Weisheit des Unterbewusstseins. Das Unterbewusstsein ist vollkommen in sich schlüssig und speichert Gravierendes lange ab. Von hier aus werden wichtige Entscheidungen getroffen, nicht nur vom Kopf allein. Umso sinnvoller ist es, sich mit seinem Unterbewusstsein zu beschäftigen.

Manche denken ja, dass das Unterbewusstsein gefährlich wäre. Oder sie nehmen an, dass sich von da aus merkwürdige Inhalte unkontrolliert entfalten könnten – und andere Vorbehalte oder Ängste. Andere glauben, es wäre willkürlich, was sich so im Unterbewusstsein tummelt.

In meinem Buch möchte ich dir zeigen, dass das alles nicht der Fall ist, sondern dass wir über innere Bilder sogar einen präzisen und aktiven Zugang zu unserem eigenen Unterbewusstsein bekommen können. Das macht dich dann vollständiger, glücklicher, gesünder und klüger, als du es ohnehin schon bist.

Die Methode, die ich dir dazu mit vielen Beispielen und einigen Übungen vorstellen möchte, nennt sich Synergetik-Innenweltreisen. Synergetik auch im Sinne von Zusammenwirken von innen und außen.

Seit über 22 Jahren übe ich damit bereits meinen Traumberuf aus, und zwar mit dem effektivsten psychotherapeutischen Handwerkszeug, das ich kenne: der Synergetik-Therapie.

Diese kreative Therapieform habe ich im Laufe der Jahre noch um einige Komponenten erweitert, so dass ich sie nun gerne auch interaktive Synergetische Innenweltreisen nenne.

Du kannst es dir am ehesten vorstellen wie eine aktive, *selbstbestimmte* und dynamische Hypnose. Man surft dabei frei in der Innenwelt und kommt dadurch an Themen, die gerade nach Lösungen rufen. Auch wunderschöne Erinnerungen tauchen dabei auf, diese sind dann unsere Ressourcen.

Dabei spricht man sogar gleich laut mit seinen inneren Bildern, das ist einzigartig! Dabei lernst du dich selbst noch besser kennen.

Ich werde dir also nahe bringen, was man damit alles Wunderbares erforschen und klären sowie nach eigenem Wunsch und Weltbild zum Positiven verändern kann.

Der Weg in dein eigenes Inneres ist die spannendste Reise, die du unternehmen kannst, nämlich die Reise zu dir selbst. Also: »Mutig nach innen«.

Aber erst mal geht es weiter nach innen in dieses Buch hinein.

Einleitung

Liebe Leserin und lieber Leser,

ich spreche euch im gesamten Buch stets beide an, auch wenn ich nicht jedes Mal beide Formulierungen benutze – das ist doch klar. Alle Menschen sind genauso gemeint. Ebenso spreche ich mal von einem Therapeuten oder einer Therapeutin – und meine dann immer beide, genauso bei Klientin oder Klient.

Dieses Buch ist ein erzählendes Sachbuch. Es handelt sich also nicht um einen wissenschaftlichen Text, sondern ich habe es so anschaulich wie möglich formuliert.

Im Teil 1 kannst du dich über Grundlagen und -begriffe informieren. Du lernst verschiedene andere Formen kennen, wo ebenfalls innere Bilder auftauchen oder verwendet werden. Dann kannst du später den Unterschied zu anderen Möglichkeiten besser erkennen und die Alleinstellungsmerkmale der Synergetik-Methode verstehen.

Teil 2 besteht komplett aus Beispielen. Dabei habe ich selbstverständlich Namen, Orte und Berufe der Personen so verändert, dass keinerlei Wiedererkennungswert bestehen kann. Die Inhalte der Fallbeispiele habe ich allerdings nicht verändert, denn sie dürfen uns ja zeigen, wie die menschliche Psyche funktioniert und wie individuell und kreativ sie an

Lösungen herangeht. Selbstverständlich habe ich nur Beispiele ausgewählt, wo die Klienten mit mir schon zu Beginn der Therapie eine schriftliche Vereinbarung geschlossen haben, dass im Falle von Veröffentlichungen oder Vorträgen die Inhalte komplett anonymisiert werden. Diskretion ist in meinem Beruf extrem wichtig und wird von Anfang an garantiert.

Ich danke an dieser Stelle allen meinen Klienten für die gemeinsamen wertvollen Erfahrungen, die wir machen durften und für ihr Vertrauen, dass ich sie auf ihrem Lebensweg ein Stück begleiten durfte. Sie kamen aus der einen oder anderen Krise schneller heraus und konnten Entscheidungen leichter treffen.

Es ist mir eine Ehre, das mitzuerleben. Ich sammle sehr gern all die Feedbacks und Erfahrungsberichte, und einige davon findest du im Anhang dieses Buches. Sie sind ebenfalls anonymisiert und mit freundlicher Zustimmung abgedruckt.

Am Ende findest du ein Stichwortverzeichnis, falls du nicht so gerne alles der Reihe nach lesen möchtest.

Außerdem ist mein Buch untermalt von vielen Zitaten.

Ich wünsche dir viel Freude beim Schmökern.

Heike Sansoni

Teil 1: Grundlagen und Übungen

Kapitel 1: Was sind innere Bilder?

Mit Sicherheit kennst du innere Bilder, sonst hättest du nicht dieses Buch in den Händen und würdest dich weiter dazu belesen wollen. Wie vielfältig diese sind, und wozu wir sie sogar nutzen können, davon erzähle ich dir hier.

Erst mal zur Begrifflichkeit: innere Bilder sind visuelle Vorstellungen oder Erinnerungen von Ereignissen, Personen oder Situationen. Auch symbolische innere Bilder können auftreten, oder geometrische.

Sie können auf verschiedenste Weise auftauchen: tags oder nachts, von allein oder fokussiert. Im Folgenden beschreibe ich diese Varianten und wie du quasi gezielt an deine inneren Bilder kommen kannst. Dazu gibt es verschiedene Methoden oder Herangehensweisen. Ich versuche dabei, die einzelnen Methoden voneinander abzugrenzen und leite nach und nach hin auf die vielseitige Synergetik-Methode. Durch die Beispiele und Übungen kannst du dir einen eigenen Eindruck verschaffen. Du wirst auch bemerken, was für einen Einfluss deine inneren Bilder auf deine Gefühle haben.

Ich möchte dir also Mut machen und aufzeigen, dass unsere inneren Bilder ein Schatz sind, den es zu heben gilt. Wir können viele Antworten und Botschaften von unseren inneren Bildern bekommen.

Innere Bilder in nächtlichen Träumen

Kannst du dich an deine nächtlichen Träume morgens erinnern? Dann gehörst du zu den 75 Prozent der Erwachsenen, die das können. [1]

Aber auch, falls du dich nicht an deine Träume erinnern kannst, träumst du höchstwahrscheinlich. Und das ist auch gut so! Wer nachts träumt, verarbeitet etwas. Das Gehirn macht sozusagen Inventur.

Insofern macht es auch keinen Sinn, dass man glaubt: »Was habe ich wieder für einen Unsinn geträumt!«. Denn das, was dein Unterbewusstsein beschäftigt, hat es sich ja nicht ohne Grund gemerkt.

Über die nächtlichen Träume werden dir also wichtige Informationen geschickt, was dich aktuell tief in dir drin beschäftigt.

An diese Träume sind meist starke Emotionen gekoppelt, das weißt du selbst ganz genau. Und zwar im Positiven, wie im Negativen. Im Traum ist es ja so, als ob wir die Situation gerade real erleben.

---

[1] Die Zahlenangaben in diesem Kapitel kannst du in dieser Studie nachlesen: www.brandeins.de/magazine/brand-eins-wirtschaftsmagazin/2009/grosse-traeume/traeume-in-zahlen

Ich lade dich zu einer kleinen Visualisierung ein:

ÜBUNG

Schließe die Augen und atme einige Male gleichmäßig und tief ein und aus. Dann erinnere dich an einen überaus angenehmen nächtlichen Traum.

Vielleicht erinnerst du einen Traum, wo du gerade frisch verliebt warst. Oder ein Traum, als du besondere Fähigkeiten hattest. Manchmal träumen wir, wir könnten fliegen oder schweben. Was ist es genau bei dir?

Erinnere dich so daran, als ob du jetzt noch einmal dort bist, in diesem überaus angenehmen nächtlichen Traum.

Schwelge noch einmal in diesen Traumbildern, und öffne dann wieder die Augen. Dabei nimmst du das angenehme Gefühl mit in die Außenwelt.

Du hast sicherlich bemerkt, dass es nicht einfach nur um die erinnerten Traumbilder geht, sondern auch gleich um die Gefühle, Gedanken und deine eigene Bewertung der Situation. All das ist aneinander gekoppelt.

Insofern dürfen wir auch die Bedeutung von Albträumen überdenken. Ich kenne viele Menschen, die sagen, diese Träume machen ihnen Angst, sie wären schädlich und hätten nichts mit ihnen zu tun.

Daran glaube ich nicht. Im Gegenteil: gerade diese Träume stellen eine Art »Weckruf« im wahrsten Sinne des Wortes dar. Denn durch diese Träume werden wir oft tatsächlich nachts wach, und wir können sie auch meist erinnern. Sie sind der Seele also wichtig. Und genau darin liegt eine große Chance der interaktiven Synergetischen Innenweltreisen, die ich ja in diesem Buch beschreibe. Hier ist schon mal ein kleiner Querverweis auf das Kapitel 2, wo ich an einigen Beispielen zeige, wie bedrohliche Trauminhalte besser verstanden werden können und sogar aktiv nachbearbeitet und transformiert werden können.

Du findest dazu dort die Geschichten: »Jede Nacht gehe ich im Traum fremd« und »Was will der schwarze Mann von mir?«.

Wenn du nun weißt, dass Albträume bearbeitet und erlöst werden können, brauchst du eigentlich keine Angst mehr vor ihnen zu haben. Schließlich betrifft das sogar 49,7 % aller Deutschen über 14 Jahren, die angegeben haben, mehrmals im Jahr unter Albträumen zu leiden. D.h. für fast jeden Zweiten kann das eine wertvolle Information sein, den eigenen Albträumen nicht einfach hilflos ausgeliefert zu sein!

Es lohnt sich, sich mit seinen Träumen zu beschäftigen. Wir träumen nachts durchschnittlich immerhin insgesamt eineinhalb Stunden. Nur einige wenige Menschen träumen nachts wohl gar nichts. Aber auch bei diesen Menschen kann es sein, dass sie sich einfach nur nicht an die Trauminhalte erinnern.

Innere Bilder als Erinnerungen

Innere Bilder als Erinnerungen kennt Jeder.

Wenn du möchtest, machen wir gleich eine kleine Übung dazu: dein erster Kuss. Was, das ist nichts Kleines, sagst du? Umso interessanter!

Übung

Nun gut, erinnere dich jetzt gern an deinen ersten Kuss. An den konkreten Moment, und natürlich an den Menschen, den du geküsst hast.

Sei noch einmal ganz in dieser Situation. Wie fühlst du dich jetzt? Bist du beglückt, überrascht, oder vielleicht auch ein wenig unsicher?

All das sind deine ganz persönlichen inneren Erfahrungen, und ich vermute mal, du kannst dich sogar an deine Körpergefühle dabei erinnern – auch wenn es schon etliche Jahre her sein sollte. Genieße das positive Körpergefühl, das Kribbeln, was immer es ist...

Das war nun also eine hoffentlich schöne Erinnerung, die du abrufen konntest. Das Gehirn speichert einfach all das, was passiert ist. Manches wurde verdrängt oder vergessen, doch Wesentliches ist noch lange präsent.

Wollen wir das auch einmal ausprobieren, dass vor langer Zeit Erlebtes präsent sein kann?

Übung

Wenn du möchtest, erinnere dich jetzt einmal an deine geliebte Puppe oder deinen geliebten Teddy aus deiner Kindheit. Du und nur du weißt, was ihr alles zusammen erlebt und geteilt habt. Ihr habt oft geknuddelt und zusammen gespielt.

Für dich war es bestimmt auch selbstverständlich, dass du mit deinem Teddy oder mit deiner Puppe reden konntest. Was habt ihr zusammen besprochen? Wie geht es dir, wenn du dich heute nochmal intensiv daran erinnerst?

Als ich diese Übung einmal für mich gemacht habe, war ich sehr gerührt, meinen Teddy noch einmal so präsent in meiner Innenwelt zu sehen und zu spüren.

Wie ist es bei dir? Vielleicht bekommst du auch einen Schreck, wie lange das alles schon her ist? Es kann sogar sein, dass du dich fragst, wo denn heute deine Puppe oder dein Teddy eigentlich sind? Irgendwo im Keller oder auf dem Speicher in einer Kiste?

Vielleicht sind sie im Laufe der Jahre kaputt gegangen oder verschwunden? Darüber bist du vielleicht traurig oder wehmütig. Doch in dir drin existieren sie weiter.

Du ahnst nun, dass du deine Kindheitserinnerungen wieder lebendig machen kannst.

Dem Gehirn ist es egal, ob es etwas erinnert, was lange her ist, oder gerade eben geschah. Sobald die Erinnerung von alleine auftaucht, zählt die sogenannte aktuelle Energieladung auf dem Bild, d.h. wie stark dich das innere Bild heute noch beschäftigt. Damit ist gemeint, welche Emotionen eine Erinnerung heute noch in dir weckt, oder was in dir getriggert wird.

Sobald starke Emotionen mit einer Situation oder Erinnerung verbunden sind, bekommst du damit wichtige Hinweise. Dein Unterbewusstsein zeigt dir nämlich mit den auftauchenden Erinnerungen, was es beschäftigt, und was es vielleicht bearbeiten, transformieren oder emotional loswerden möchte.

Innere Bilder in geführten Innenweltreisen

Wenn ich begeistert von den vielfältigen Möglichkeiten der Synergetischen Innenweltreisen erzähle, bekomme ich häufig folgende Antwort:

»Oh, ich habe bereits eine Innenweltreise gemacht. Dabei sollten wir unser Krafttier finden.« – oder wahlweise das innere Kind treffen – was auch immer.

Hinter diesen geführten Innenweltreisen steht allerdings jeweils eine Absicht, nämlich etwas ganz bestimmtes und möglichst ausschließlich Positives sehen zu wollen! Das ist dann keine Synergetische Innenweltreise. Es wäre dann nicht offenes Visualisieren, sondern eine Einschränkung - denn es kann bei geführten Innenweltreisen immer nur ein kleiner Ausschnitt aus dem großen Reich des Unterbewusstseins sein.

Rolf nutzt gerne CDs mit Entspannungstexten. Er schwört darauf, dass diese vollkommen absichtslos sind und er die volle Auswahl hat, wie er sich dabei entspannt. Ich frage nach, was er damit meint. Er beschreibt die sogenannte Tranceinduktion so: »Wir sollen auf einen Weg im Wald gehen, und können dort schauen, was uns begegnet.«

Ich muss schmunzeln und antworte: »Rolf, bereits der Waldweg ist eine Vorgabe. Vielleicht möchtest du ja lieber an einem Strand entspannen, oder auf deiner

Hängematte im Garten. Mit dieser Einleitung kommst du dort jedoch nicht hin.«

Rolf staunt und fragt, wie denn sonst so eine Trance-Einleitung aussehen könne? Ich gebe ihm ein Beispiel: »Begib dich an einen wunderschönen Ort, wo es dir richtig gut geht. Du siehst dich um, welcher Ort das ist.«

Das kannst du, liebe Leserin und lieber Leser, gerne auch gleich einmal tun.

ÜBUNG

Wie sieht dein wunderschöner Ort aus, an den du dich jetzt in deiner Vorstellung hinbegeben möchtest? Male ihn dir mit allen Sinnen aus. Vielleicht kannst du die Temperatur spüren, oder den Geruch des Ortes wahrnehmen?

Nimm dir ein paar kostbare Momente, um diesen Lieblingsort zu genießen. Du weißt jetzt, dass du jederzeit und leicht an diesen inneren Ort zurück kehren kannst. Er ist in deinem Inneren verankert als ein Ort, an dem du tief ausruhen und entspannen kannst.

Falls jetzt von alleine ein Waldweg aufgetaucht ist – wunderbar. Du hattest aber auch Raum für andere schöne Orte in deinem Inneren.

Das folgende Beispiel zeigt, was passieren kann, wenn eine geführte Innenweltreise mit direktiven Vorgaben für eine Teilnehmerin nicht passt.

Silvia war bei einem schamanischen Seminar. Dort fand eine geführte Innenweltreise statt. Das Thema war: der eigene Kraftort. Ein Kraftort hat eine besondere und hohe Energie, an dem es einem besonders gut gehen kann.

Der Schamane führte die Teilnehmer zuerst in eine leichte Entspannung, und dann in ihrer Imagination an einen Waldsee. Er sprach mit langsamer, angenehmer Stimme, dass sich die Teilnehmerinnen jetzt auf die Schönheit des Ortes einlassen konnten. Sie sollten den Waldsee mit allen Sinnen erkunden und auch in ihn eintauchen und sich rituell reinigen.

Silvia allerdings geriet in eine bedrohliche Situation. Sie rutschte in eine Erinnerung hinein, in der sie sich als Jugendliche in Seerosen verfangen hatte und fast ertrunken wäre. Mit den Erinnerungen an dieses Trauma war sie jetzt leider allein, denn die geführte Innenweltreise ging ja weiter. Für sie passte es gar nicht mit erkunden, eintauchen und reinigen!

Bei Silvia tauchte Bildmaterial auf, das über all die Jahre weiterhin viel Energie gespeichert hatte und in ihr schlummerte. Bei der erstbesten passenden Gelegenheit (»Sei in deiner Erinnerung am Wasser und tauche ein!«) erschienen also diese für sie belastenden Bilder.

Wir können diese belastenden Erinnerungen jedoch heilen. Doch das geht leider nicht in einer geführten Innenweltreise. Wie man zu diesen Lösungen und Heilungsmöglichkeiten kommt, das muss man wissen, und dafür schreibe ich ja auch dieses Buch.

Bei individuellen Synergetischen Innenweltreisen werden solche inneren Bilder gleich laut angesprochen und aktiv verändert, da komme ich im Kapitel 4 ausführlicher darauf zu sprechen. Das geht natürlich in einer Gruppeninnenweltreise nicht, da ja nicht alle Teilnehmerinnen direkt laut zu ihren inneren Bildern sprechen können. Sie würden sich damit untereinander stören.

Wenn also das Bildmaterial nicht gleich ausgewertet werden kann, verschenken wir damit wertvolle therapeutische Gelegenheiten. Und wir können auch nicht sicher sein, dass in geführten Innenweltreisen tatsächlich ausschließlich die gewünschten positiven Bilder erscheinen.

Noch etwas Kurioses: Es ist nicht möglich, *nicht* an etwas Vorgegebenes zu denken.

Übung

Versuchen wir es doch gleich einmal: denke jetzt bitte *nicht* an den Eiffelturm.

Na, hat es gut geklappt? Also ich habe den Eiffelturm gerade kurz aufflackern gesehen, ehe ich ihn etwas mühsam wieder aus meinem Kopf verbannen konnte – denn ich wollte ihn ja eigentlich nicht sehen.

Es geht also nicht, nur etwas Bestimmtes sehen zu wollen, oder auch gerade nicht sehen zu wollen. Unser inneren Bilder sind autonom.

Doch in Gruppeninnenweltreisen wird ja ein positives Thema für die gesamte Gruppe vorgegeben, beispielsweise Dankbarkeit, Mut oder Glück. Hierbei kannst du deinen Zugang zu inneren Bildern erst mal ausprobieren und als sanften Einstieg üben.

Innere Bilder im Katathymen Bilderleben

Das Katathyme Bilderleben geht einen Schritt weiter als geführte Gruppeninnenweltreisen. Es wird auch Katathyme Imaginative Psychotherapie (KIP) genannt.

Das sind beides recht sperrige Begriffe, die einfach nur besagen, dass man affekt- oder vorstellungsbedingt visualisiert. Es wird auch therapeutisches Träumen genannt. Dabei gibt der Therapeut Begriffe vor, und der Patient oder Klient äußert seine spontanen Vorstellungen, Emotionen und Assoziationen dazu.

Nehmen wir an, der Therapeut schlägt den Begriff »Höhle« vor. Machen wir doch einfach jetzt mal die Übung gemeinsam:

ÜBUNG

Setze dich entspannt hin und atme einige Male bewusst tiefer ein und aus. Und nun kannst du frei assoziieren, was für Höhlen du so kennst. Ist es vielleicht eine Höhle aus Decken, die du dir als Kind gebaut hast?

Oder taucht eine Höhle auf, die du mal im Urlaub besichtigt hast?

> Es kann ja auch eine ganz andere Höhle sein, vielleicht deine Kieferhöhle oder eine Baumhöhle. Schau einmal, bei welchen Vorschlägen von mir etwas in dir auftaucht.

Höhlen waren ja die ersten Wohnorte von uns Menschen. Und letztendlich ist jeder von uns in einer Höhle aufgewachsen, sprich im Uterus bzw. Mutterleib.

Anhand dieses einen Wortes »Höhle« kann sich also eine Vielzahl von Themen zeigen, beispielsweise Geborgenheit – oder eben fehlende Geborgenheit. Es kann sich Angst vor Dunkelheit bemerkbar machen, oder auch Lust auf Abenteuer!

Was auch immer auftauchen mag: der Therapeut kann sich anhand dieser Imaginationen sowohl einen diagnostischen Überblick über die zu bearbeitenden Themen verschaffen, als auch neue Verhaltenswege spielerisch antesten.

Die Einschränkung dieser Methode besteht darin, dass Begriffe vorgegeben werden, und sich nicht Themen von allein in ganz eigenen Bildern zeigen können.

Ein erfahrener Therapeut wird natürlich seine »Schatzkiste« an Begriffen haben, mit denen er an wichtige Informationen für den weiteren Therapieverlauf kommt.

Das Imaginieren mit dem Katathymen Bilderleben kann dir und dem Therapeuten helfen, einen ersten

Einblick in deine emotionalen Grundhaltungen zu bekommen.

Mein Schwiegervater Dr. Wolfgang Schultz-Zehden arbeitete interessanterweise bereits in den 70er Jahren als Augenarzt mit dem Katathymen Bilderleben.

Er ging davon aus, dass die Augen ebenfalls, wie der ganze Körper, die Themen des Lebens widerspiegeln. Darüber schrieb er Anfang der 90er Jahre zwei Bücher. Eines davon heißt:

»Das Auge, Spiegel der Seele: neue Wege zur Ganzheitstherapie«

Die Wechselwirkungen von Seele und Körper, in seinem Falle speziell von Seele und Augen, waren damals noch nicht so geläufig wie heute.

Er schrieb: »Der Zusammenhang zwischen Sehschwäche und Lebensgeschichte – und das betrifft jeden, der eine Brille braucht – ist bis heute kaum bekannt. Anhand ganzheitlicher Übungen wird gezeigt, wie durch das *Sehen mit der Seele*, also durch Imaginieren und inneres Sehen, die Sehkraft erhalten und verbessert werden kann.«

Hier wurden also innere Bilder gezielt dazu eingesetzt, die (Augen-)Gesundheit zu verbessern. Die Patienten beschrieben, was sich zu einem bestimmten Begriff vor ihrem inneren Auge abspielte. Daran wurde erkennbar, welche Themen klar oder welche im wahrsten Sinne des Wortes vernebelt waren, und es ergab sich eine Möglichkeit der seelischen Bearbeitung.

Heutzutage ist es schon viel bekannter, dass es diese Zusammenhänge zwischen Seele und Körper oder auch zwischen Seele und Augen gibt – sie werden nur leider immer noch zu wenig in die Aufarbeitung von Krankheitshintergründen tatsächlich einbezogen und genutzt.

Innere Bilder bei Meditationen

Wir meditieren ja an sich, um frei zu werden von inneren Bildern. Wir sehnen uns danach, mal das große »Nichts« zu erfahren. Wir wünschen uns, dass unsere persönliche Geschichte zu einem Einheitserlebnis wird.

Es kann passieren, dass beim Meditieren innere Bilder auftauchen, doch üblicherweise schicken wir diese dann gedanklich sofort weg, d.h. wir wollen uns mit diesen nicht beschäftigen. Das wäre sogar dann das Gegenteil von dem, was Synergetische Innenweltreisen tun, nämlich innere Bilder bewusst einladen.

Außerdem wollen wir beim Meditieren auf gar keinen Fall irgendwelchen Schattenthemen begegnen, sondern nur Lichtvolles herbei meditieren.

»Nur wenn du über deinen Schatten springst, findest du den Weg ins Licht«

Postkartenfund

Manche Menschen wollen so gern endlich mal innerlich zur Ruhe kommen, dass sie »krampfhaft« versuchen, zu meditieren. So kann es natürlich nicht gelingen.

Übung

Stelle dir vor, du sitzt gerade gemütlich in der Badewanne und du möchtest entspannen. In deiner Badewanne schwimmen allerdings auch mehrere Luftballons, größere und kleinere. Du möchtest diese Luftballons nicht sehen, sie stören dich! Sinnbildlich stehen sie für störende Gedanken oder Themen, die von dir allerdings zuerst gesehen werden wollen.

Doch du willst ja entspannen und versuchst, die Luftballons nach unten zu drücken, ins Wasser. Du willst also deine Gedanken unterdrücken bzw. loswerden. Das klappt leider nicht, immer wieder ploppen sie hoch! Du bist also die ganze Zeit beschäftigt.

Stell dir nun vor, du stichst einmal in einen Luftballon hinein und schaust nach, was darin ist. In einen kleineren Luftballon kannst du vielleicht selbst hinein schauen, und findest darin einen Zettel mit der Aufschrift: Steuervorauszahlung. O.k., das also belastet dich im Augenblick. Da kannst du dir innerlich einen Termin setzen, das zu erledigen, und schon hast du einen (bisher unbekannten) Störfaktor weniger.

> Bei einem größeren Luftballon kann es sein, dass sich darin ein größeres Thema verbirgt, zum Beispiel »Ex-Freund«. Oh je, wenn du schon das Wort liest, wird dir ganz anders! Spür mal.

Das könnte dann ein Thema für ein Coaching oder eine Synergetische Innenweltreise sein. Wenn du dir beim Baden nun selbst versprichst, dass du das Problem jetzt endlich mal konkret angehen willst, hast du bestimmt gleich noch mehr innere Ruhe. Und wenn du das nächste Mal meditieren möchtest, ist die Wahrscheinlichkeit sehr hoch, dass du dann besser und leichter entspannen kannst.

»Harmonie ist nicht die Vermeidung von Konflikten, sondern das Ergebnis deren Lösung.«

Jacques Suijkerbuijk, holländischer Heilpraktiker

Meditation fördert deine Selbstreflexion und deine Achtsamkeit. Allein schon, dass du deine Aufmerksamkeit ungestört auf dich selbst richtest und dir diese kostbaren Momente gönnst, ist heilsam.

Innere Bilder in Hypnose

Die Hypnose geschieht in Tiefenentspannung. Ich bin ebenfalls ausgebildete Hypnotherapeutin. Doch ich wende die Hypnose nicht so gerne an, wie die Synergetik-Therapie, da ich die Synergetik-Innenweltreisen sehr viel komplexer finde.

Bei der Hypnose tauchen auch innere Bilder auf, doch diese werden meist nur im Stillen betrachtet. D.h. Klient oder Klientin werden damit eigentlich während der Hypnose alleine gelassen. Im Anschluss redet man dann über das Gesehene und Erlebte, und wertet es zusammen aus.

Außerdem werden *vor* der Hypnose Suggestionen vereinbart, d.h. wozu die Behandlung dienen soll. Der Hypnotherapeut spricht diese dann aus, während der Klient in Tiefenentspannung ist. Mal als Beispiel:

»Du bist selbstbewusst und bestehst die Prüfung!« Falls der Klient jedoch Zweifel hat, ob die Suggestion bei ihm jetzt auch wirklich wirkt, werden diese nicht gleich während er Hypnose bearbeitet. Doch genau das empfinde ich aber als sehr wichtig.

Bei der Synergetik-Methode ist das an Ort und Stelle möglich und ist somit »maßgeschneidert« für den Klienten. Solche selbst erarbeiteten Lösungen statt Suggestionen sind zusätzlich noch nachhaltiger und werden von daher von mir präferiert.

Hypnose hat ihre Vorteile. Sie eignet sich wunderbar bei zahnärztlichen Behandlungen, sowohl zum Abbau von Stress und Ängsten, als auch bei Menschen, die allergisch auf Betäubungsmittel sind. Dann wird die Zahnbehandlung unter Hypnose, also in Trance durchgeführt. Auch bei Raucherentwöhnung mittels Hypnose hörte ich immer wieder Gutes.

Die Hypnose ist ein wissenschaftlich anerkanntes Verfahren und wird durch Krankenkassen als ärztliche Leistung übernommen. Ebenso gibt es im Gebührenverzeichnis für Heilpraktiker, der sogenannten GebüH die Ziffer 19.8: Heilhypnose.

Wenn du dich auf die spannende Entdeckungsreise in deine inneren Welten machen möchtest, empfehle ich dir jedoch nicht die Hypnose als eher vorgegebenes Setting, sondern die vielseitigere Form der Synergetik-Innenweltreisen. Diese kannst du dir vorstellen als eine Art selbstbestimmte, dynamische und interaktive Hypnose.

Synergetik-Innenweltreisen und -Therapie

Das ist also die Königsdisziplin.

Hierbei tauchen deine inneren Bilder als frei laufender Fluss auf – also genau die Bilder, die am jeweiligen Tag von allein zu dir passen. Die Information der Bilder wird sofort ausgewertet und genutzt.

Angenehme innere Bilder werden intensiv gefühlt. Es wird in ihnen geschwelgt und sie werden im Körper »verankert«, um sie später als Ressource nutzen zu können.

Unangenehme innere Bilder werden nicht etwa weggeschickt, sondern wir versuchen zu verstehen, warum diese von selbst auftauchen. Das heißt ja, darin stecken Informationen, die verstanden werden wollen oder Gefühle, die nachgeholt werden wollen.

Manche Therapieformen arbeiten damit, dass es das Wichtigste ist, Verdrängtes nachzuholen und zu fühlen. Dabei bleibt es bei der Synergetik-Therapie jedoch nicht. Sondern das Wichtigste ist das Wiedererlangen der Handlungsfähigkeit in der belastenden oder bedrückenden Situation. Du veränderst damit selbst deine subjektive Erinnerung, denn nur diese begleitet dich ja noch – die echte Situation ist längst vorbei.

Du glaubst, deine Erinnerungen wären nicht subjektiv? Nun, dann lade ich dich zu einem Gedankenspiel ein.

Übung

Stell dir vor, du beschreibst die Straße, in der du als Kind aufgewachsen bist.

Und dann stell dir bitte vor, jemand anderes, vielleicht eine Freundin aus Kindheitstagen, würde dieselbe Straße in ihrer Erinnerung beschreiben.

Du merkst schon, das kann nur eine subjektive Erinnerung sein. In der einen Erinnerung ist die Gegend vielleicht belebt und schön bunt, in der anderen Beschreibung laut und grell.

Das Interessante ist: beides ist richtig, und beides ist das jeweilige geistige Eigentum: von dir und von deiner Freundin.

Noch ein Beispiel, dass unsere Erinnerungen oder auch Wahrnehmungen uns einen Streich spielen können.

Du kennst vielleicht das Phänomen, wenn zwei Züge nebeneinander her fahren. Der eine Zug verlangsamt sein Tempo, und auf einmal scheint es, als würde dein Zug rückwärtsfahren. Sehr interessant, was unser Gehirn da macht! Ich kann mich sogar daran erinnern, dass ich da ein ganz komisches körperliches Gefühl hatte, als der Zug vermeintlich plötzlich die Richtung wechselte. Also auch unser Körper reagiert sogar auf »falsche« Informationen aus dem Gehirn.

Und die Erinnerung, der Zug wäre rückwärts gefahren, ist eben eine subjektive Erinnerung.

Bernd Joschko aus Hessen hat die Methoden der Synergetik-Therapie und des Synergetischen Profiling entwickelt. Vor 22 Jahren habe ich beides direkt bei ihm gelernt. Ich bin sehr dankbar, dass ich diese genialen Methoden kennen gelernt habe. Das Profiling beschreibe ich im nächsten Unterpunkt, hier geht es um die Synergetik-Therapie.

Das Interessante ist für mich, dass Joschko kein Psychologe ist, sondern Physikingenieur (FH). Wir erlernten damals schon das, was jetzt die Quantenphysik auch in Bezug auf das menschliche Gehirn nach und nach genauer erforscht. Es geht dabei um das Prinzip, dass kleine Veränderungen an der richtigen Stelle große Veränderungen im Gesamtsystem bewirken können, auch Selbstorganisation genannt.

Das betrifft beispielsweise gesellschaftliche Veränderungen, genauso wie das Wetter, oder auch Familien, denn in allen Systemen findet Selbstorganisation statt. Ein Synergetik-Therapeut erlernt also, wie man Selbstorganisation begünstigt und initiiert.

Mir kam das damals sehr gelegen, denn ich komme aus dem naturwissenschaftlichen Denken. Damals lagen etwa 18 Jahre Arbeit als Diplom-Ingenieurin und Fachbauleiterin hinter mir.

Außerdem lag der Blickwinkel der Ausbildung nicht auf Krankheitsbildern oder Persönlichkeitsstörungen, sondern wie dynamische Selbstorganisationsprozesse geschehen. Dazu gehörte auch die Anleitung zur Selbstheilung.

Das Wissen über Krankheitsbilder habe ich mir danach noch zusätzlich angeeignet und bin staatlich geprüfte Psychotherapeutische Heilpraktikerin geworden.

Nun arbeite ich bereits über 22 Jahre hauptberuflich mit dem Handwerkszeug der Synergetik-Innenweltreisen. Im Laufe der Zeit habe es auf meine Art und durch meine Erfahrungen praktisch und regelmäßig weiterentwickelt.

Bernd Joschko setzte sehr auf dynamische Prozesse und Hochenergiezustände, so wie es in den 70er Jahren therapeutisch üblich war: z.B. Schreien und Ausagieren. Dabei schlug der Klient auch mal mit einem schlauchartigen Schlagstock auf Kissen ein, um dadurch seine belastenden inneren Bilder zu zerschlagen oder zu verändern.

Meine Erfahrung ist, dass wir genau so gründlich und präzise an die Botschaften der inneren Bilder kommen und diese »eleganter« transformieren können, wenn wir achtsam dem folgen, was der individuelle Stil des jeweiligen Klienten ist. Wer es dynamischer mag, geht es natürlich dynamisch an, und wer es sanfter mag, kommt ebenfalls ans Ziel.

Für meine männlichen Leser wage ich dazu einen Vergleich: eine Rasur kann auch sanft und gleichzeitig gründlich sein.

Ich beschreibe die Innenweltreisen, die ich praktiziere, gerne als *interaktive und Synergetische Innenweltreisen.* Synergetisch im Sinne von zusammen- oder mitwirkend. Das Zusammenwirken bezieht sich dabei auf innen und außen, ich und du, früher und heute, nah und fern und weitere komplexe Wechselwirkungen. Ebenso, wie das Leben spielt.

Mit interaktiv meine ich wechselseitig aufeinander reagierende Elemente, die sich fördern und aufeinander beziehen. Außerdem beinhaltet es die Interaktionen mit den inneren Bildern, indem wir die inneren Bilder laut ansprechen und auf die Antworten aus unserem Unterbewusstsein lauschen.

Bei dieser Weiterentwicklung, also dem sanfteren und interaktiven Ansatz, beziehe ich bereits von Anfang an die Mustererkennung noch stärker mit ein. Denn ob wir etwas nur gelegentlich oder immer wieder tun, ob es also bereits zu einem Muster geworden ist, macht ja einen Unterschied.

Eine zusätzliche Weiterführung meinerseits ist der Humor. Lachen löst ebenso erstarrte Emotionen, wie es Weinen tut. Beim Humor haben wir noch den Vorteil, dass wir ggf. auch über uns selbst lachen können. Das heißt, dass wir humorvoll erkennen, wo wir uns vielleicht verrannt oder verstrickt haben.

Ich möchte dir ein Beispiel geben von Annette, einer Frau um die 40. Sie ist bei einem Themenabend und beginn gerade, der Gruppe ausführlich zu schildern, wie schrecklich ihr Ex-Mann sei.

»Ihr könnt euch gar nicht vorstellen, was für ein Schwein Detlef ist!« Annette zählt auf, was er alles »verbrochen« hat, wo er überall Versprechungen nicht eingelöst hat usw.

Sie will sich gerade richtig in Rage reden über ihn. Ich unterbreche sie und sage schmunzelnd zu ihr:

»Tja, und vor einigen Jahren hast Du aus allen Milliarden von Männern auf der Welt deinen Detlef als den allerbesten von allen ausgewählt.«

Zum Glück müssen daraufhin nicht nur alle anderen Gruppenteilnehmerinnen lachen, sondern auch Annette selbst. Es gelingt ihr schlagartig, von ihrer festgefahrenen Bewertung etwas abzuweichen, und sich auch wieder an das frühere Verbindende mit Detlef zu erinnern.

Hier haben wir den Humor bei einem Gespräch mit einbezogen, also im Wachbewusstsein. Das Gleiche geht auch während einer Innenweltreise im Entspannungszustand. Dann könnte sich Annette gleich visualisieren, wie sie mit Detlef auch mal glücklich war. Und sie kann schwierige Situationen mit ihm transformieren.

Synergetisches Profiling

Beim Synergetischen Profiling wird nach dem Profil zu einem bestimmten Ereignis oder Verhalten gesucht, d.h. welche Ursachen, seit wann, wo, wie oft usw. dazu führten. Daraus können wir dann gemeinsam mit dem Klienten wichtige Rückschlüsse für die Aufarbeitung ziehen.

Der größte Unterschied zur Synergetik-Therapie besteht darin, dass die Synergetik-Profilerin mehr fragt und leitet. Sie regt den Klienten zum assoziativ verknüpften Surfen in der Innenwelt auf . Denn wir wollen uns erst einmal einen vollständigen Überblick über die Thematik verschaffen und erkennen, welche Faktoren und ungelösten Themen denn überhaupt alle zusammenwirken.

Damit können beispielsweise Krankheitshintergründe und -auslöser erforscht werden, denn diese sind ja multifaktoriell. Auch für psychische Probleme oder immer wiederholende Beziehungsmuster ist das Synergetische Profiling vorab sehr sinnvoll.

Du kannst dir diese Arbeit vorstellen wie ein wohlwollender Innenweltdetektiv, der nach und nach die Details zu einem stimmigen Gesamtbild zusammen setzt, eben zu einem Profil.

Meist kommen etwa 5 bis 8 Faktoren zusammen, die dann Ursache für ein Krankheitsbild oder Lebensmuster werden. Dabei spielt das sogenannte Innere Kind oft eine Rolle, ebenso Traumata oder unverarbeitete Erlebnisse aus dem eigenen Lebensweg, aber auch Systemisches wie Ahnen oder Familiengeschichten. Sogar Vorgeburtliches oder Geburtserlebnisse können Faktoren sein.

So eine Profiling-Sitzung macht man am besten einmalig vor dem weiteren Therapieverlauf.

Dann kann auf die einzelnen Ursachen nach und nach komplex mit Hilfe der Synergetik-Therapie eingegangen werden. Dabei helfen uns die Selbstorganisationsprozesse der Psyche.

Unter Umständen kann auch eine Familienaufstellung mit in den Therapieverlauf integriert werden. Mit dieser anderen Therapieform arbeite ich ebenso seit über 20 Jahren. Sie stellt eine sehr gute Ergänzung dar für alle Themen, die schon aus unserem Familiensystem herrühren.

Tagträume und Fantasien

ÜBUNG

Bitte vervollständige in Gedanken doch einmal diesen Satz:

»Wenn ich eine Million im Lotto gewinne, dann .....«

Vielleicht möchtest du dir dann ein eigenes Haus kaufen, oder eine Weltreise machen, oder wofür möchtest du das Geld verwenden? Und nun stelle es dir bitte konkret vor, wie es dann aussieht: dein zukünftiges Haus. Mit Details und in Farbe.

Jetzt kommt meine wichtigste Frage: Glaubst du daran, dass es so kommen wird? Traust du diesen Vorstellungen?

Ich nehme einmal an, nicht so ganz, denn sonst hättest du ja schon längst alles dafür getan, um deine Vorstellung umzusetzen.

So einfach ist es also nicht. Denn diese Tagträume haben, alleine vom Wachbewusstsein »erträumt«, einfach nicht genügend Kraft! Es bleibt eine Fantasie! Es fehlt die Vernetzung zum Unterbewusstsein. Denn im Unterbewusstsein ist alles Weitere zu dem Thema gelagert, und muss auch mit einbezogen werden.

Denn jede Menge Glaubenssätze und Blockaden haben sich dort im Laufe der Zeit angesammelt und spielen kräftig mit hinein.

Ein paar Beispiele: »Bin ich denn so viel Geld eigentlich wert?« oder »Ich wüsste gar nicht, was ich mit dem Geld auf Anhieb anfangen soll!« Vielleicht denkst du auch: »So viel ist eine Million heutzutage nun auch wieder nicht.« Recht verbreitet ist auch die Überzeugung: »Geld allein macht nicht glücklich und verdirbt den Charakter, also pfeife ich auf die Million!« Das wäre dann also ein Weg, um sich seinen Charakter *nicht* zu verderben – bloß nicht zu viel Geld zu haben. Zwinker, zwinker, wenn das so einfach wäre, um einen guten Charakter zu bekommen...

Schlussendlich besteht auch noch die Möglichkeit, dass du vielleicht gar kein Lotto spielst, weil du annimmst: »So ein Glück habe ich sowieso nicht, immer nur die Anderen, also spare ich mir lieber den Lottoeinsatz.«

Jede einzelne Blockade könnte man nun in der Innenwelt betrachten und dabei sehr viel über sich und den Kontext zu Geld und Wohlstand lernen. Vielleicht kommt einfach nur die Erkenntnis heraus: wenn ich im Lotto gewinnen möchte, muss ich tatsächlich ein Los kaufen! Oder du sagst dir, dass ja schließlich noch niemand in deiner Familie Millionär war, und du es dir also gar nicht zugestehst, selbst einer zu werden. (Ersetze in deinen Gedanken das Wort Millionär gerne auch durch: glücklich verheiratet, oder Hausbesitzer, oder promoviert, oder was auch immer das Neue innerhalb deiner Familie wäre, was du dir aber wünschst). Dann hilft dir eine Synergetische Innenweltreise dabei, mit alten Gewohnheitsmustern aufzuräumen, indem du diese Muster erkennst und veränderst. Wie das geht, beschreibe ich im Kapitel 4 dieses Buches.

Du rückst dann der Möglichkeit, dein gewünschtes Ziel zu erreichen, deutlich näher und bleibst nicht stecken in resignierten Gedanken: hätte / würde / könnte. Das kostet dich Kraft und lässt dich (zu Recht) zweifeln an der Kraft deiner Gedanken. Denn diese stellen die Weichen für dein Tun.

»Zweifel zerstören mehr Ideen als Fehler.«

Arnold Schwarzenegger, österreichisch-amerikanischer Schauspieler

Jedes Haus, was gebaut wurde, hat zuerst ein Mensch erdacht! Der Architekt sieht das Haus in Gedanken schon vor sich. Er zweifelt daran nicht, oder grübelt, sondern er arbeitet an seinem Entwurf und an seinen Plänen. Dabei geht er immer weiter ins Detail und berücksichtigt auch die Statik, so dass alles solide ist. So wird aus dem Traum des Bauherren nach und nach ein richtiges Gebäude.

Kreative und konstruktive Gedanken erschaffen also konkrete Realität!

Blockaden und Vorbehalte erschaffen ebenso Realitäten, aber andere. Eine Realität, in der du in erster Linie Recht behalten willst über deine bisherigen Grundannahmen – auf jeden Fall nichts Neues!

Sondern immer nur noch mehr von: »Dies geht nicht, und Jenes geht auch nicht!«

Also, ich fasse noch einmal zusammen: Tagträume sind auch wichtig, denn sie können ein erster Zündfunke sein. Gehe dem nach, was sich da als Funke aufgetan hat, nimm dich selbst wichtig und stelle die Weichen, so dass überhaupt eine Chance besteht, dass dein Tagtraum in Erfüllung geht. Allerdings haben Tagträume allein nicht die Kraft, um etwas zu erreichen oder dich tiefer zu motivieren.

Daher konkretisiere deine Tagträume durch Pläne und Zwischenschritte für dein Ziel. Wenn du merkst, dass du an einer bestimmten Stelle nicht weiter kommst, widme dich den Glaubenssätzen und möglichen Blockaden aus deinem Unterbewusstsein. Durch eine Innenweltreise wird dir das sehr klar, was dich noch abhält, deinen Traum zu verwirklichen. Du kannst das transformieren und erlösen, so dass es weiter geht mit der tatsächlichen Umsetzung.

Übung

Was ist dein Traum? Was liegt dir so am Herzen, dass du es tatsächlich und unbedingt verwirklichen möchtest? Wie ernst ist es dir damit?

Was hält dich bisher noch davon ab? Was bist du bereit, zu investieren, dass dein Traum Gestalt annimmt? Was ist dein nächster Schritt?

Das ist mehr als eine Übung. Das ist eine Inspiration. und Ermutigung, für das einzutreten, was du jetzt ins Leben bringen möchtest.

Mein Vorschlag ist, dass du es dir aufschreibst. Richtig mit Datum von heute und bis wann du deinen Traum umsetzen möchtest. Dann notierst du dir ebenfalls deine nächsten Schritte, denn jeder Weg fängt mit dem ersten Schritt an.

Mit meinem Buch habe ich es übrigens genauso gemacht. Auch hiervon habe ich lange geträumt. Doch erst die konkreten Schritte wie mein Buchcoaching, eine gewisse Schreibroutine und mehrere Zwischenziele haben dazu geführt, dass es dieses Buch jetzt gibt. Apropos: meine Vision zu diesem Buch habe ich vorher in einer Synergetik-Innenweltreise kreiert.

Kapitel 2: Weshalb sind innere Bilder so wertvoll?

Präzise Sprache des Unterbewusstseins

Eine Eule ist nicht für Jeden automatisch ein Symbol für Weisheit. Für manche steht sie symbolisch für ein langes Leben, und für eine Physiotherapeutin bedeutete sie beispielsweise optimale Halsbeweglichkeit. Das fand ich originell, und auch total stimmig aus ihrer Perspektive.

Es gilt es für Jeden präzise herauszufinden, was die eigene Interpretation und Bedeutung ist. Erst dann können wir die Botschaft des Unterbewusstseins individuell und vollständig erfassen.

Du kennst doch bestimmt dieses Zitat:

»Ein Bild sagt mehr als tausend Worte.«

Kurt Tucholsky, deutscher Schriftsteller und Journalist

Was heißt das denn genau? Es heißt, dass Bilder viel präziser und anschaulicher sind als Worte.

Ein Beispiel:

Volker sagt, vor ihm liege ein riesiger Berg an Arbeit. In der Innenweltreise bat ich ihn, diesen Berg mal bildlich auftauchen zu lassen. Ist der Berg so groß wie ein echter Berg, oder eher so groß, dass er auf den Schreibtisch passt?

Volker stellt überrascht fest, dass der Berg nur etwas größer war, als er selbst, und er sogar probehalber um den Berg herum gehen konnte. Nun konnte er für sich das Abtragen des Berges abschätzen und in kleine Arbeitseinheiten einteilen.

Ich möchte dir an der Stelle ein Buch empfehlen, das mir stets als Nachschlagewerk dient: Klausbernd Vollmar »Handbuch der Traum-Symbole«.

Ich habe Klausbernd Vollmar einmal bei einer Lesung kennen gelernt. Er erzählte uns dabei, wie er zur intensiven Beschäftigung mit inneren Bildern kam, und das war so:

Er fuhr als Seemann um die Welt. Bei einem Aufenthalt in Malaysia lernte er einen Schamanen kennen, der sich um eine fiebernde Frau kümmerte. Sie wurde die ganze Zeit nicht allein gelassen, sondern die auftauchenden Bilder während des Fiebers wurden wichtig genommen und mit der Frau wurde gleich darüber gesprochen. Die Erlebnisse der inneren Bilder wurden gemeinsam ausgewertet. Das nennt man die Traumarbeit der Senoi, die sich auf diese Weise mit den Botschaften der Seele intensiv beschäftigen. Die Senoi sind ein indigenes Volk, das in Malaysia zurückgezogen lebt.

Vollmar war sehr beeindruckt und er beschloss, fortan symbolische Bedeutungen von Bildern zu sammeln.

Heraus gekommen ist ein praktisches Buch ohne esoterische Über-Interpretationen. Mein Exemplar ist mit folgender Widmung von ihm versehen: »Mögen ihre Träume kühn und frei fließen.«

Vielen Dank – ja, das tun sie.

Und wir haben hier als Ergänzung zum Kapitel 1 noch eine weitere Möglichkeit gefunden, wo innere Bilder auftauchen können. Wenn wir Fieber haben, kann es sogar recht heftige Fieberträume geben.

Innere Bilder als individueller Schatz

Du hast bestimmt schon mal den Satz gehört: »Wie innen, so außen«.

Hört sich gut an, trifft jedoch nach meinen langjährigen Beobachtungen nicht immer zu. Wie jemand in seiner Innenwelt »gestrickt« ist, kann man vorher nicht ahnen.

Ich habe mit Managerinnen gearbeitet, die sich selbst in der Innenwelt als Elfen sahen – vielleicht als Ausgleich zum sonstigen perfekten Funktionieren müssen? Denn eine Elfe hat ja nun nichts Funktionales an sich, sie existiert aus ihrer Zartheit heraus und vermittelt uns Anmut und Leichtigkeit.

Genau das war es offensichtlich, was den patenten und taffen Frauen in dem Moment fehlte. Über die Elfen bekamen sie einen Zugang dazu. Dir ist vielleicht aufgefallen, dass ich hier im Plural davon berichte, denn dieses Phänomen ist mir mehrfach begegnet. Was natürlich im Umkehrschluss nicht heißt, dass jede Managerin eine innere Elfe vorfindet.

Ich habe mit Menschen gearbeitet, die ein schwere Krankheit hatten, und mit sich selbst vollkommen in Frieden kamen, und andere wiederum haderten sehr mit dem Schicksal.

Du siehst schon, jeder Mensch ist anders, und das ist ja auch wiederum das Spannende. Es gibt eben keine Patentlösungen für Jeden.

Und was ich noch wichtiger finde: es gibt dadurch auch keine Vorannahmen oder Bewertungen seitens des Therapeuten oder Innenwelt-Begleiters. Wir sind gemeinsam neugierig und offen dafür, was sich in der Innenwelt so zeigt.

Ich hoffe, ich konnte dich ebenfalls etwas neugierig machen.

Netz Fund:

»Ein Kühlschrank ist das beste Beispiel dafür, dass innere Werte wichtiger sind als äußere.«

Da haben wir es doch – besser hätte ich es auch nicht sagen können.

Kapitel 3: Wozu kann ich innere Bilder nutzen?

Zum Aufräumen der Vergangenheit

Am Anfang meiner Tätigkeit als Synergetik-Therapeutin arbeitete ich mit Marina, sie ist zu der Zeit Mitte 50. Marina hat in vielen Synergetik-Sitzungen nur ein Thema: ihre Mutter! Sie wirft ihrer Mutter vor, dass sie sie als Säugling nicht richtig gehalten habe. Sie hat das auf einem Foto so gesehen, und dieses Foto wurde in ihrer Innenwelt präsent als eine echte Erinnerung. Auch in späteren Lebensjahren gab es viele Vorwürfe von Marina ihrer Mutter gegenüber.

Ich bin sehr erstaunt zu hören, dass ihre Mutter bereits vor über 20 Jahren gestorben ist! Das innere Bild der Mutter ist in Marina so allgegenwärtig, als ob sie noch leben würde – aber eben leider nicht als unterstützende Kraft, sondern als Objekt der Anklage und Forderungen, sogar 20 Jahre nach deren Tod immer noch!

In ihrem Falle stimmt es nicht, was man so sagt: »Die Zeit heilt alle Wunden.« Und Verdrängen hat nun mal auch nicht geklappt.

»Wer vor der Vergangenheit die Augen verschließt, wird blind für die Gegenwart.«

*Richard von Weizsäcker,
ehemaliger Bundespräsident der BRD*

Er meint damit, dass wir die Vergangenheit nicht verdrängen sollen, sondern uns dem Unverarbeiteten stellen dürfen. Und er meint sicherlich auch, dass wir damit ja auch aus den Fehlern der Vergangenheit lernen können. Es ist eine Einladung, nach innen zu schauen, wie wir die Vergangenheit heute noch wahrnehmen.

Ich zitiere hier noch einmal den Augenarzt Dr. Wolfgang Schultz-Zehden: »Doch die letzte Dimension des Sehens nach innen ist das *Sehen ohne Augen*. Was will und darf ich mir zugestehen zu sehen, und was kann ich wieder aus der Tiefe meines Unbewussten, aus der Verdrängung heraufholen?«

Das ist eine sehr spannende Reise zu uns selbst und zu mehr Lebendigkeit. Wir fühlen uns dadurch authentisch und vollständiger.

Die erinnerte Vergangenheit besteht ja auch nicht nur aus Fehlern, im Gegenteil: wir erinnern auch das besonders Schöne! Hier können wir wertvolle Ressourcen und Fähigkeiten mit in die Gegenwart übernehmen. Also: mutig nach innen!

Zur Klärung von aktuellen Gefühlen

Im Laufe meiner therapeutischen Tätigkeit wurde mir eines nach und nach immer klarer: nicht jeder Mensch ist in der Lage, seine Gefühle überhaupt zu spüren. Entweder gehen sie in der Hektik des Alltags unter, oder man/frau neigt dazu, eher zu funktionieren und das zu tun, was Andere von einem wollen.

Dieses In-sich-hinein-Spüren ist daher so wertvoll, um endlich mal nach dem zu gehen, was die Seele einem sagen will. Der Zugang zu uns selbst ist meines Erachtens ein ganz wichtiger Meilenstein, um wirklich kongruent entscheiden und handeln zu können.

Unter Therapeuten kursiert folgende Lebensweisheit:

»Kostet es dich den Schlaf,
kostet es dich zu viel!«

Genau, klären wir unsere Gefühle eben nicht freiwillig und rechtzeitig, werden wir möglicherweise dazu gezwungen. Du kennst das bestimmt auch: du findest nicht in den Schlaf, weil du grübelst und nicht zur Ruhe kommst. Manchmal weißt du auch gar nicht genau, was dich in Unruhe versetzt, da ist einfach so ein diffuses Gefühl.

Oder du entwickelst solche Schlafstörungen, dass du öfters aufwachst oder sehr unruhig schläfst.

Auch dabei kann dir eine Synergetische Innenweltreise wunderbar helfen. Es besteht die Möglichkeit, das »diffuse Gefühl« oder die Unruhe mal in ein konkretes Bild zu übersetzen. Entweder erscheint dann eine konkrete Situation aus deinem Leben, die du dann bearbeiten kannst.

Oder du bittest die Unruhe, mal eine symbolische Gestalt anzunehmen. Vielleicht erscheint dann ein Mäuschen, was hektisch umherflitzt. Das Mäuschen wiederum kann dir aus seinem Erleben berichten und dich zu einer Situation hinführen, die es so unruhig gemacht hat. Dann wird es ganz konkret und das diffuse Gefühl kann zugeordnet werden. Das ist dann meist eine große Erleichterung, wenn wir wissen, was uns überhaupt so in Unruhe versetzt hat. Erst dann können wir verständlicherweise ansetzen, und etwas an der Situation verbessern – zuerst in unserer Innenwelt und in unseren Gedanken, und dann viel leichter auch in der Außenwelt.

»Was am Ende des Tages zählt, ist, was du fühlst. Nicht, was jeder zu dir gesagt hat, sondern diese kleine, aber latente Stimme in deinem Inneren.«

Meryl Streep, US-amerikanische Schauspielerin

Zur Klärung von Beziehungen

Oooh, über das Thema Beziehungen wurden natürlich schon ganze Regalwände voller Bücher geschrieben, und ich will darauf in einem einzigen Unterpunkt eingehen – wie gewagt!

Tja, Beziehungen sind hochkomplex und noch dazu hochemotional. Ohne Beziehungen, gleich welcher Art auch immer, können wir nicht überleben.

Wir sind soziale Wesen. Das haben wir zu Zeiten des Lockdowns während Corona bitter erfahren, wie sehr uns Umarmungen und Kontakte mit anderen Menschen fehlten, wenn wir sie nicht unseren natürlichen Impulsen entsprechend leben konnten.

Und die Paarbeziehungen sind natürlich die Beziehungen, die am meisten das Potential haben, uns entweder froh und glücklich zu machen, oder uns zu triggern und zu verletzen! In Paarbeziehungen zeigen wir nicht nur unsere »Pressemitteilung«, sondern uns selbst mit all unseren Seiten. Es gibt verständlicherweise Reibereien und Konflikte.

Manches davon lässt sich nicht durch Gespräche klären, da es auf einer viel tieferen Ebene als der Ebene von Worten basiert. Wir kennen das alle: eine hochgezogene Augenbraue oder eine bestimmte Geste des Partners vermitteln uns auch ohne Worte so einiges an Informationen!

Genau das sehen wir selbstverständlich auch in einem inneren Bild. Nehmen wir einmal an, in der Außenwelt haben wir uns bisher nicht getraut, einen bestimmten Gesichtsausdruck des Partners zu hinterfragen. In der Innenwelt kannst du dir da Gewissheit darüber verschaffen, was er oder sie genau meint. Du fragst also das Bild deines Partners, was der Gesichtsausdruck bedeuten soll. Oder du versetzt dich in den Partner gedanklich hinein, schaust sozusagen aus seinen Augen auf dich. Dabei bekommst du mit, was er genau denkt und fühlt.

Danach gehst du wieder in deine eigene Aufmerksamkeit und in deine eigene Gefühlswelt. Nun kannst du deinem Gegenüber genau beschreiben, wie es dir selbst damit geht.

Ich möchte dir von Isolde erzählen, einer Dame Anfang 80. Sie hat einen Mann, Erich, der vor etwa 10 Jahren einen Schlaganfall erlitten hat und seitdem nicht mehr sprechen kann. Isolde ist froh, dass er einfach bei ihr ist, sie sagt mit einem glücklichen Lächeln: »Und wenn er einfach nur da sitzt!«

Mit einem tiefen Aufseufzen bedauert sie, dass er ihr in den langen Ehejahren nicht ein einziges Mal direkt gesagt hat, dass er sie liebt – und dann kam ja der Schlaganfall!

Sie schildert mir, dass das in ihrer Generation nichts Außergewöhnliches wäre – über Gefühle wurde da nicht immer so gesprochen.

Und doch, jetzt wo er nicht mehr reden kann, ist es dafür zu spät, es einmal zu hören, meint sie.

In Isoldes Innenwelt erscheint Erich sofort. In der Innenwelt ist alles möglich, natürlich entsprechend des eigenen Vorstellungsvermögens, und somit kann er im Inneren sogar weiterhin mit ihr reden. Isolde ist darüber sehr gerührt.

Sie fragt ihren Erich, ob er ihr denn wenigstens einmal direkt sagen könne, dass er sie liebt.

»Natürlich liebe ich dich, sonst hätte ich dich doch nicht geheiratet!« antwortet er in ihrer Vorstellung prompt. Soweit hatte sie sich bisher selbst nie getraut zu denken. Dass ihr Eheversprechen fast 60 Jahre zurückliegt und die beiden immer zusammengehalten haben, spricht natürlich auch Bände.

Sie ist sehr stolz auf sich, dass sie sich endlich einmal getraut hat, konkret zu fragen, ob er sie liebt. Nun hat sich für sie etwas Wesentliches vervollständigt.

Es macht für sie auch keinen Unterschied, ob Erich es in echt sagt, oder ob sie es jetzt in ihrer Vorstellung »hört« und vor allem seine Liebeserklärung fühlt!

Und genau darum geht es in der Innenweltreise, dass du dir Dinge visualisierst, die für dich selbst eine Erleichterung und eine Erlösung darstellen. Du spürst das sofort im Körper.

Dem Gehirn ist es egal, ob es ein wirkliches Erlebnis war, oder eine Visualisierung. Das Erlebnis wird biochemisch genauso verarbeitet und abgespeichert, als ob es in echt passiert wäre.

»Wenn du ein Gehirn hast, musst du es auch benutzen.«

Meryl Streep, US-amerikanische Schauspielerin

Ich darf nochmal daran erinnern, dass wir immer noch beim Abschnitt: »Klärung von Beziehungen« sind. Auch in diesem Themenbereich dürfen wir gern unser Gehirn (mit-)benutzen, selbst wenn viele Menschen annehmen, Beziehungen wären ausschließlich reine Herzensangelegenheiten. Herz und Verstand wollen beide ja sagen, so dass eine glückliche Beziehung gelingen kann. Und auch unser Bauchgefühl können wir in Beziehungssachen gerne mal mehr befragen.

Ich leite elegant über zum nächsten Abschnitt, dem Partnerwunsch.

Bei Partnerwunsch

Anika ist Mitte 30 und wünscht sich schon lange einen Partner. Sie ist ziemlich wählerisch, was ja ihr gutes Recht ist. So soll er wohlhabend sein und charmant, noch keine Kinder haben, aber Kinder wollen, und natürlich gut aussehen.

Doch immer wieder, wenn ihr jemand wirklich gut gefällt, ist er bereits liiert. Dadurch prägt sich tief in ihr drin der Glaubenssatz: »Die guten Männer sind alle vergeben.«

Mit den Glaubenssätzen ist das so eine Sache. Wie der Name schon sagt, glauben wir dabei an etwas. Unser Gehirn »füttert« diesen Glaubenssatz dann gerne mit weiteren Beispielen, damit wir über unsere Annahmen Recht behalten können, und zwar sogar bei Ansichten, die uns selber schaden. Ist das nicht »verrückt«?

Nach diesen Annahmen richtet sich dann unser weiterer Fokus. Bei Anika ist es so, dass ihr gebundene Männer sogar irgendwie attraktiver erschienen. Klar, mit dem Glaubenssatz »Die guten Männer sind alle vergeben.« wären das ja dann auch ausschließlich die Guten, die liiert sind. Die ungebundenen Männer müssten ihrer Meinung nach irgendeinen Makel bzw. Defekt haben, da sie bisher offensichtlich niemand haben will.

Ich versuche, Anika klarzumachen, dass sie selbst ja ebenfalls ungebunden und Mitte 30 ist – dass also ein

Mann mit Blick auf sie ähnlich denken könnte: »Die guten Frauen sind alle vergeben! Sie muss einen Makel haben.« So hatte sie das noch nicht bedacht.

Anika erkennt, dass sie sich mit diesem Denken selbst im Weg steht. Nun ist sie bereit, nach der Ursache zu forschen.

Überraschenderweise geht es dabei um ihre Mutter, und zwar um deren erste Liebe: das war deren Berufsschullehrer. Ihre Mutter war Hals über Kopf verliebt! Sie war damals 17, und entschuldigte sich zeitlebens damit, dass diese Liebe deshalb nicht lebbar war, weil sie noch nicht volljährig war. Was allerdings als wichtiges Detail hinzu kam: der Berufsschullehrer war verheiratet! Das hat die Mutter zwar erwähnt, jedoch wollte sie es nicht wahrhaben als Hinderungsgrund.

Anika staunt, dass die Prägung durch ihre Mutter an dieser Stelle so gravierend ist. Sie will das nicht länger! In der Therapeutensprache heißt das dann, wir haben eine Verstrickung von Anika mit ihrer Mutter erkannt, und wollen diese lösen.

Wir verwenden einen Lösungssatz aus dem Systemischen Denken, in dem Anika zum inneren Bild ihrer Mutter sagt: »Das war dein Lebensweg, und nicht meiner. Du hast dich in einen gebundenen Mann verliebt. Ich verliebe mich jetzt in einen freien Mann.« Die Mutter stimmt sofort zu, sie will ja gar nicht, dass Anika es ihr nachmacht.

Anika fühlt sich befreit, auch körperlich erleichtert und innerlich weiter und offener. Sie beschreibt es als eine neue Energie. An der Stelle sage ich mit einem Augenzwinkern zu ihr:

»Mit der neuen Energie ziehst du nun andere Männer an, und aus.«

Heute zitiere ich mich mal selbst.

Nun kann Anika mit ihrem neuen Männerbild und einem neuen Fokus auf die Partnersuche gehen. Sie wird dabei eine andere Auswahl und andere Entscheidungen treffen.

Für Entscheidungen und Zukunftspläne

Ich bin in der Umkleidekabine meines Sportstudios. Zwei andere Kursteilnehmerinnen unterhalten sich.

»Was machst du denn heute noch?« fragt die eine.

»Roulade!« sagt die andere.

Tja, mit Zukunftsplänen ist das so eine Sache. Es gibt Menschen, bei denen soll alles am liebsten so bleiben, und sie haben ihre Pläne und Wünsche längst begraben. Alles bezieht sich auf kurzfristige Erledigungen.

Andere haben ganz viele große Ideen und Visionen und schieben sie allerdings wie ein Bugwelle vor sich hin. Es ist ja so bequem, stets die ein oder andere Ausrede zu haben, ein Projekt oder eine Aufgabe nicht zu beginnen.

Auf Facebook fand ich diese Zeilen: »Ich habe mich dazu entschlossen zu kündigen und einfach durch die Welt zu reisen, bis all mein Erspartes aufgebraucht ist. Meinen Berechnungen nach sollte ich gegen 14 Uhr wieder zu Hause sein. « Famos!

Andere beginnen etwas, um sich dann schnell zu verzetteln oder es fehlt ihnen an Durchhaltevermögen.

Sie versuchen dies und das und es stecken zu wenig Klarheit und zu wenig wirkliche Absicht dahinter.

Um das zu ordnen und zu fokussieren, kannst du dir wunderbar Unterstützung aus deinem Inneren holen.

Du visualisierst dir dein Ziel, als ob du schon dort wärst!

So hat es Horst gemacht. Er ist schon seit einiger Zeit Heilpraktiker, und hat einen Arbeitsraum in einem Selbsterfahrungszentrum angemietet. Dort muss er natürlich die Gegebenheiten so akzeptieren, wie er sie vorfindet. Nun wünscht er sich eigene Praxisräume. Aber er findet irgendwie nicht den Absprung, sich tatsächlich festzulegen, und daher auch nicht die passenden Räumlichkeiten.

Der gewünschte Standort ist ihm nicht klar, und auch nicht, ob er die Räume mieten oder kaufen möchte. Auch eine teilgewerbliche Nutzung (wohnen und arbeiten in einem) durchdenkt er immer wieder.

In der Innenwelt flutscht seine Suche dann viel besser. Er sieht seine Traumpraxis regelrecht vor sich. Er manifestiert damit wichtige Eckdaten, wie beispielsweise die Größe, die Anzahl der Räume, dass sie hell und ruhig liegen sollen, und entscheidet, was es kosten darf. Er möchte lieber mieten.

Ich bitte ihn, es noch konkreter zu machen, dazu hat er erst mal keine Idee. Also schlage ich vor: »Wie wäre es, draußen ein Praxisschild mit deinem Namen anzubringen, so dass klar ist, dass es wirklich deine Räume sind? Oder möchtest du dir schon mal Visitenkarten mit der neuen Adresse drucken lassen?«

Horst macht in seiner Vorstellung beides, und jetzt kommt so richtig Vorfreude auf.

»Mach es gern noch anschaulicher.« sage ich zu ihm.

O.k., Horst stellt sich vor, dass die ersten Patienten in die neuen Räume kommen und sich dort genauso wohlfühlen wie er selbst. Jetzt hat er intensiv die Weichen für die Zukunft gestellt. Seinem Gehirn ist es egal, ob er sich die Praxis innerlich vorstellt, oder ob er nachts davon intensiv träumen würde, oder ob die Praxis bereits da ist. Es finden die gleichen biochemischen Vorgänge statt: die Ausschüttung von Glückshormonen, die das gleiche freudige Körpergefühl bewirken.

Horst hat jetzt den richtigen Drive, seine Praxis tatsächlich zu finden. Er eiert nicht mehr in vielen Varianten umher, wie es vorher der Fall gewesen war. Zur Praxiseröffnung bin ich dann sogar eingeladen und wir beide staunen, wie schnell es dann auf einmal ging!

Das ist die Kraft der Manifestation, wenn wir unsere Gedanken und Handlungen wirklich auf ein Ziel hin bündeln!

Als Anleitung zur Selbstheilung

»Willst du den Körper heilen,
musst du zuerst die Seele heilen.«

Platon, antiker griechischer Philosoph

Mich erstaunt immer wieder, dass es Menschen gibt, die körperliche Symptome isoliert betrachten von ihren seelischen Themen. Also ob das zwei vollkommen verschiedene Systeme wären, die nichts miteinander zu tun haben.

Das Gegenteil ist der Fall: unsere ungeklärten Themen und ungelösten Konflikte spiegeln sich im Körper wieder. Der sogenannte Volksmund weiß darüber an sich gut Bescheid. Wir dürfen es gerne nutzen und anwenden.

Nehmen wir einmal ein einfaches Beispiel: eine Erkältung. Wenn dafür ausschließlich Viren und Bakterien die Ursache wären, müsste sich ja im Winter buchstäblich Jeder anstecken. Das ist aber nicht so. Manche haben ein besseres Immunsystem als andere.

Fragt man nun einen Erkälteten: »Wovon hast du denn die Nase voll?« kommt da meist eine prompte Antwort.

»Mein Chef nervt mich, es ist mir gerade alles zu viel.« könnte die Antwort lauten. Die Viren oder Bakterien kamen also zur belastenden Situation noch hinzu, ehe die Person krank wurde.

Daher sagt der Volksmund: die Person hat die Nase voll – im wahrsten Sinne des Wortes!

Oder bei Prüfungsangst sagt man: »Ich habe Schiss vor der Prüfung!« und einige bekommen dann sogar Schiss im wahrsten Sinne des Wortes, also Durchfall.

Die Auslöser in unseren beiden Beispielen sind jetzt also bekannt. Es ist einmal der Chef und das andere Mal die bevorstehende Prüfung.

Es würde sich sehr lohnen, im Vorfeld – also ehe die Erkrankung zuschlägt – die dahinter steckenden Themen zu betrachten und zu lösen.

Heiko hat das gemacht, allerdings erst aus der Not heraus. Er ist Anfang 20 und ist schon durch vier Fahrprüfungen durchgefallen. Er entwickelte sogar bereits körperliche Symptome, wie Schlafstörungen und Herzrasen.

In zwei Innenweltreisen bearbeiteten wir seine Prüfungsangst allgemein und konkret. Zuerst tauchen seine früheren nicht bestandenen Prüfungen auf, die den Nährboden für seine jetzigen Ängste darstellen. Dann stellt er sich haarklein vor, wie er bei der zukünftigen Prüfung an der Kreuzung die Vorfahrtsregeln tatsächlich korrekt beachtet. Er hört quasi, was der Fahrlehrer dazu sagt. Er stellt sich vor, dass es ihm dieses Mal gelingt. Danach schüttelt der Prüfer ihm die Hand und gratuliert ihm zur bestandenen Prüfung. Heiko fühlt sich glücklich, in seiner Innenwelt hat er die Fahrprüfung bereits bestanden.

Wir gehen in seiner Innenweltreise noch ein bisschen weiter in die Zukunft. Ich frage ihn nämlich, wie es in den Nächten nach der Prüfung aussieht. Er versteht erst meine Frage gar nicht, so sehr ist in seiner Vorstellung auch gleich das Symptom der Schlafstörungen mit behoben. Er antwortet dann: »Natürlich schlafe ich gut!« Auch die Schlafstörungen sind also passe´.

Heiko schickt mir später folgende WhatsApp: »Habe heute die Fleppe bekommen. War alles ganz easy. Cool und Danke nochmal.«

Für Heiko war die in der Außenwelt bestandene Prüfung sozusagen die zweite bestandene Prüfung, da er in der Innenwelt bereits seine Fahrprüfung bestanden hatte.

Herzrasen trat danach auch nicht mehr auf. Das erfuhr ich bei einem weiteren Termin.

Nun sind Erkältung und Herzrasen zum Glück keine langwierigen Krankheiten. Doch das Prinzip der Selbstheilung funktioniert auch bei anderen Krankheiten.

Es wird stets nach zwei Arten von Faktoren geforscht: dem länger anhaltenden, also chronischen Krankheitshintergrund und dem akuten Krankheitsauslöser. Kommt dieser noch hinzu, gerät das Fass zum Überlaufen und man wird krank.

Beides muss bearbeitet werden, der Hintergrund und der Auslöser, und ist bei chronischen oder schwereren Krankheiten auch ein längerer Weg.

Einen Selbstheilungsweg bei einer schwereren Krankheit beschreibe ich im Kapitel 2 in der Geschichte über Regina: »Mein Körper als Burg«.

Auf dem Weg zur Selbstheilung lernen Klient oder Klientin sehr viel über sich selbst. Sie üben neue Verhaltensmuster, erlangen mehr Handlungskompetenz und mehr Lebensfreude. Nicht wenige haben sinngemäß gesagt:

»Ohne meinen Tinnitus / Neurodermitis / oder was auch immer hätte ich es nie gelernt, besser auf mich selbst zu achten. Ich dachte tatsächlich vorher, der Tinnitus wäre ein rein biologisches Problem gewesen und ich wäre dem zufällig ausgeliefert.«

Damit Missverständnisse gar nicht erst auftauchen, möchte ich hier folgendes ansprechen: Selbstheilung ist möglich, doch kein Therapeut kann und darf ein Heilversprechen abgeben. Nebenbei bemerkt kann das auch kein Arzt! Parallel zur Selbstheilung rate ich jedem Klienten zur klaren medizinischen Diagnostik. Nur so kann überprüft werden, ob die Aufarbeitung des Krankheitshintergrundes den Körper unterstützt hat, wieder gesund zu werden.

Das habe ich selbst am eigenen Körper erlebt. Eine Journalistin, Haidrun Schäfer, hat für die Zeitschrift »Körper Geist Seele« einen Artikel über die Synergetik-Therapie geschrieben und das dort erwähnt. Hier der Originalton von Frau Schäfer:

»Heike selber konnte eine Kieferhöhlenoperation verhindern: Dazu ist sie symbolisch mit einer Strickleiter in ihre Kieferhöhle herabgestiegen und hat ihren Exfreund vorgefunden. Nachdem die Trennung noch einmal thematisiert wurde, konnte sie bildlich gesehen die Wände der Höhle neu streichen und sie danach in einem gereinigten Zustand verlassen. Das war im Anschluss auch auf dem Röntgenbild sichtbar.«

Die Kieferhöhlenoperation ist bis heute nicht nötig geworden. Das Ergebnis, was ich selbst in einer Synergetik-Therapie erzielt habe, blieb stabil. Schön, dass ich diese Erfahrung machen durfte!

Wenn Klienten zu mir kommen, die sich auf den lohnenden Weg der Aufarbeitung von Krankheitsursachen begeben wollen, schließe ich mit ihnen eine schriftliche Vereinbarung. Dort weise ich auf das Zusammenwirken zwischen den jeweiligen Vorteilen von Schulmedizin und alternativen Verfahren hin. Klare Diagnostik ist wichtig, und ebenso das Beobachten des weiteren Verlaufs.

Mein Ehemann ist Facharzt für Allgemeinmedizin und wir erkennen diese Möglichkeiten des Zusammenwirkens täglich. Gelegentlich empfiehlt er seinen Patienten meine Arbeit, wenn diese für einen ganzheitlichen Ansatz aufgeschlossen sind.

Bei multiplen psychosomatischen Beschwerden, Schlafstörungen oder auch bei Bluthochdruck konnten diese Patienten mit der Synergetik-Therapie erstaunliche Erfolge erzielen. In Absprache mit dem Hausarzt können sie danach teilweise oder sogar ganz auf Medikamente verzichten. Wenn das kein Ansporn ist?!

Kapitel 4: Wie komme ich an innere Bilder?

Es ist schon etwas ganz Besonderes, die Reise nach innen gezielt anzutreten und seine inneren Bilder zu erkunden.

Dörte war Probeleserin für dieses Buch und kennt die Synergetik-Methode bisher nur vom Lesen. Ihre Eindrücke dabei darf ich hier zitieren:

»Ich finde, die Beispiele zeigen gut, dass die Methode der Innenreisen wirklich in vielen Situationen helfen kann. Manchmal war mein erster Eindruck beim Lesen: O Gott, so ein Bild möchte ich ja lieber nicht haben! Du erklärst ja dann die Lösungsprozesse dahinter. Und insofern finde ich, dass es gut illustriert, dass man da auch wirklich keine Angst vor haben muss, dass man da auf irgendwelchem Bildertrip hängen bleibt und dann ginge es einem total schlecht. Sondern du machst ja sehr deutlich, dass es viele Lösungsmöglichkeiten gibt, die eventuell auftauchenden negativen Bilder zu heilen und zum Positiven zu wenden.«

Wie kommen wir nun dazu, dass Heilung geschehen kann? Durch eine Kombination von fünf Faktoren gelingt es, an solche Lösungsmöglichkeiten zu kommen. Diese möchte ich dir jetzt gerne darstellen.

Mit professioneller Begleitung

Synergetische und interaktive Innenweltreisen kann man leider nicht alleine machen. Ich habe es selbst natürlich mehrere Male versucht. Doch du brauchst dabei tatsächlich ein Gegenüber, so dass es in brenzligen Situationen weitergehen und zu einer neuen Sicht kommen kann.

Außerdem dauert eine selbst durchgeführte, stille Innenweltreise etwa nur 20 bis 25 Minuten. Dann gelangst du meist an einen Punkt, wo es von alleine eben nicht weiter geht. Du steckst mitten in deinen gewohnten Denkmustern, aus denen du ja noch dazu heraus möchtest! In etwa so wie eine Schallplatte, die immer an der gleichen Stelle hängt, und sich derselbe Ton dauernd wiederholt.

Eine erfahrene Begleiterin für Synergetische Innenweltreisen hilft dir über diesen Punkt (oder diese Punkte) hinweg. Sie stellt dir weiterführende Fragen. Sie steht dir bei, deine Gefühle ernst zu nehmen und wirklich zu erlauben und selbst zu verstehen.

Es kann sein, dass sie dich auch mal wohlwollend provoziert, wenn du in einer Sackgasse gelandet bist.

Sie fasst außerdem zusammen, was an Mustern oder Ängsten erkennbar geworden ist, und zeigt dir auf, was du bereits Neues und Unterstützendes kreiert hast.

Als Ritual

Wenn du eine komplexe Synergetische Innenweltreise machen möchtest, nimm dir dafür mindestens eineinhalb Stunden, besser noch zwei Stunden Zeit. So lange dauert ja auch im Durchschnitt ein Kinofilm.

Im Kapitel 6 werde ich noch genauer auf die Parallelen zwischen dem Aufbau von Kinofilmen und Synergetischen Innenweltreisen eingehen. Es gibt da gewisse Ähnlichkeiten in der Dramaturgie und dem Ablauf.

Ein Ritual unterscheidet sich deutlich vom Alltagserleben. Du nimmst dir dafür gesondert Zeit, und in dieser kostbaren Zeit gibt es keinerlei Ablenkungen. Dein Handy ist ausgestellt oder auf Flugmodus geschaltet. Es finden auch keine Störungen durch Familienmitglieder oder andere Personen statt.

Nur du selbst und dein inneres Erleben sind jetzt wichtig. Daher können sich auch tieferliegende Zusammenhänge zeigen. Es ist wie eine Auszeit für dich und ermöglicht einen besseren Zugang zu den Botschaften deiner Seele.

Du kannst dich nach der Innenweltreise an die Inhalte erinnern. Wesentliches wirst du sogar nach Jahren noch wissen, da es durch die inneren Bilder präzise wurde.

In Tiefenentspannung

Du legst dich für die Innenweltreise bequem auf ein Sofa. Dazu gehören ein Kopfkissen, eine leichte Decke, eine Kissenrolle unter den Kniekehlen sowie gedämpftes Licht. Auf Wunsch kannst du ein Tuch über deine Augen legen, so dass sich auch deine Augen wirklich ganz entspannen können und du dich vollständig auf das innere Schauen einlassen kannst.

Deine Begleiterin für Synergetische Innenweltreisen wird die ganze Zeit neben dir sitzen und wird dich auch nicht berühren. So hast du einen ganz gesicherten und geschützten Rahmen.

Nun führt dich deine Begleiterin in eine leichte Trance oder Entspannung. Die Entspannung ist nicht das Ziel der Innenweltreise, sondern dient als Hilfsmittel. Daher brauchst du dich nicht unter Druck zu setzen, ob du dich wirklich gut genug entspannen kannst oder überhaupt schon gut genug entspannt bist. Du kannst dir sicher sein, dass die Entspannung gegen Ende der Innenweltreise von alleine tiefer wird.

Wir wollen ja nur, dass du innere Bilder sehen kannst. Und alleine schon, indem du die Absicht dazu hast, und äußere Störfaktoren ausgeschaltet wurden, wird das erfahrungsgemäß gelingen.

Unser Gehirn arbeitet bei verschiedenen Bewusstseinszuständen in verschiedenen Schwingungen.

Im Wachzustand gilt es viele Außenreize zu filtern und zu verarbeiten. Das Gehirn schwingt meist in Beta-Wellen von 13-30 Hz., wobei es sich zwischen 18-35 Hz oft schon in Alarmbereitschaft und Stress befindet.

Von einer leichten Entspannung spricht man bei der Frequenz von 8-12 Hz, dem sogenannten Alpha-Zustand. Dieser kann schon durch einen Spaziergang im Wald oder einen Saunabesuch geschehen. Im Alpha-Zustand fühlen wir uns ruhig und wohl und es können leichter kreative Gedanken entstehen.

In Tiefenentspannung arbeitet das Gehirn nochmal in anderen Schwingungen: den langsamen und kraftvollen Theta-Wellen von 4-8 Hz. Hier öffnet sich für uns der Zugang zu unbewusstem Material und verborgenen Wissen.

Der Theta-Zustand ist ein sehr kostbarer Zustand, denn hier sind wir sehr empfänglich für eigene neue Ideen, da die mentalen Filter und kritischen Gedanken nicht oder kaum wirken. Es werden erstaunliche Zusammenhänge sichtbar und körperlich geschieht tiefe Beruhigung.

Von allein kann man sich meist nicht lange in diesem Zustand aufhalten, da viele einfach einschlafen würden. Doch bei den Synergetischen Innenweltreisen passiert das nicht, denn du sprichst ja deine inneren Bilder laut an. Deine Begleiterin hilft dir, am Thema zu bleiben. Du bist dabei auch nicht müde, sondern innerlich hellwach und gleichzeitig entspannt. Wunderbar!

Währenddessen bleibst du die ganze Zeit selbstbestimmt. Also wenn dir etwas zu schnell oder zu langsam geht, wird das berücksichtigt. Falls du eine Anregung deiner Therapeutin nicht aufgreifen möchtest oder eine Frage nicht angehen willst, ist das dein gutes Recht. Sollten Themen von alleine auftauchen, zu denen du momentan nicht bereits bist, können diese ordentlich vertagt werden.

Du bist also die ganze Zeit in einem geschützten Rahmen in deiner Innenwelt unterwegs.

Nach der Innenweltreise kannst du dich an alles erinnern, oft sogar über Jahre. Das kommt daher, dass es mit allen Sinnen in diesem entspannten Zustand erlebt wurde: in deiner Seele, deinem Denken, deinem Körper und deinen Gefühlen.

Durch lautes Ansprechen der inneren Bilder

Jetzt kommt der Clou bei den interaktiven Synergetischen Innenweltreisen. Ich erlaube mir, das mit einem Zitat zu illustrieren:

»Woher soll ich wissen, was ich denke, ehe ich höre, was ich sage?«

Karl Valentin, deutscher Komiker und Volkssänger

Da ist was Wahres dran! Denn indem du deine Gedanken aussprichst, wird dir schon dadurch Einiges klarer. Hier allerdings übersetzt du deine Worte sogar in Bilder, die noch eindeutiger sind.

Wenn du beispielsweise in der Innenwelt deiner Mutter begegnest, siehst du am Bild der Mutter eine Vielzahl von Informationen. Du siehst, wie alt sie in der konkreten Situation ist, du siehst, was sie gerade macht und kannst ihren Gesichtsausdruck erkennen. Nehmen wir einmal an, sie weint gerade.

Indem du deine Mutter in deiner Innenwelt laut ansprichst, kannst du sogar erfahren, weshalb sie weint. Vielleicht so: »Mama, was macht dich traurig?« Und das Bild deiner Mutter wird reagieren.

Entweder deine Mutter antwortet etwas, oder sie hört auf zu weinen, oder es kommt eine ganz andere, für dich selbst überraschende Reaktion.

Oftmals ist es so, dass diese Antwort oder Reaktion autonom ist, d.h. nicht »absichtlich von dir gemacht« wird, sondern neu und aufschlussreich von allein erscheint. Du selbst staunst über das, was dein Gehirnbild dir antwortet. Ist das nicht faszinierend?

Und vor allem ist es aufschlussreich, denn so kannst du Vergangenes besser einsortieren oder komplettieren, Dialoge vervollständigen, Familiengeschichten besser verstehen u.v.a.m.

Kommen wir zurück auf das Bild der Mutter. Deine Innenwelt-Begleiterin wird dich fragen: »Was willst du jetzt sagen oder tun?« Es geht also genau so weiter, wie du es selbst gestalten möchtest: der vollkommen freie Fluss der inneren Bilder – wie ein von dir selbst gestalteter Kinofilm.

Du könntest beispielsweise erfahren, dass deine Mutter gar nicht wegen dir geweint hat, wie du anfänglich vielleicht angenommen hast. Du brauchst dir also keine Schuldgefühle mehr zu machen, die automatisch auftauchten.

Du tastest dich Schritt für Schritt weiter voran, indem du beschreibst, wo du in deiner Innenwelt gerade bist und was dich bewegt.

Dadurch kann dich deine Innenwelt-Begleiterin bestmöglich an Ort und Stelle unterstützen, vielleicht durch Fragen oder Anregungen.

Die Ausbildung dazu dauert je nach gewählten Modulen mindestens eineinhalb Jahre. Ich absolvierte das volle Ausbildungsprogramm, das ging über fast zweieinhalb Jahre. Es ist schon sehr komplex, was man als Innenwelt-Begleiterin alles wissen muss, um den Prozess zu fördern und nicht zu stören.

Bei geführten Gruppeninnenweltreisen oder bei Hypnose fehlt ja das sofortige laute Ansprechen der inneren Bilder, damit haben wir uns schon im Kapitel 1 beschäftigt. Die Klienten sind dabei mehr oder weniger sowohl mit dem auftauchenden Bildmaterial als auch mit deren Interpretation alleine gelassen. Wie schade!

Ich gehe hier noch einmal auf die Vorteile ein, die sich durch das sofortige Ansprechen der inneren Bilder ergeben, also auf den Unterschied zwischen Hypnose und Synergetik-Therapie.

Die Hypnotherapeutin bespricht mit der Klientin *vor* der eigentlichen Hypnose das Thema. Damit nimmt man sich schon mal die Möglichkeit, dass sich ein Thema frei und komplexer zeigen kann. Vielleicht ahnen ja Klientin und Hypnotherapeutin nicht einmal, dass hinter dem vermeintlichen Thema ein noch unbekanntes größeres und wichtigeres Thema steckt?

Als nächstes werden mit der Hypnotherapeutin Suggestionen erarbeitet, die für die Klientin dann hoffentlich passen werden. Als Beispiel: »Ich bin redegewandt und werde meine Präsentation professionell meistern.«

Wenn die Klientin diese Suggestion später während der Hypnose hört, kann es sein, dass Vorbehalte auftauchen – wie das gehen soll, oder ob ihr dabei nicht jemand helfen könne? Auf diese Vorbehalte kann natürlich nicht direkt eingegangen werden, weil die auftauchenden Bilder still betrachtet werden. Die Suggestion wird quasi »oben drauf gesetzt«, und kann in diesem Falle später auch nicht so lange wirken.

Das ist die im Unterschied dazu die nächste faszinierende Beobachtung bei Synergetischen Innenweltreisen: dass die neuen Bilder danach dauerhaft haltbar sind. Denn diese sind entstanden, indem wir an Ort und Stelle sämtliche auftauchenden Blockaden oder Vorbehalte gleich mitbetrachten und nach eigenem Wunsch und Möglichkeiten *aktiv* verändern.

Ich liebe diese Methode!

Durch Vernetzen der inneren Bilder

Innere Bilder tauchen nicht linear auf, sondern genau wie in einem Gespräch springt man von einem Schauplatz zum anderen und dann auch wieder mal dorthin zurück. Dem Gehirn ist es dabei egal, ob eine Erinnerung lange her ist oder gerade eben passiert ist, es zählt einzig die Energieladung auf der Situation. Das kann eine positive Energie sein (vielleicht ein Urlaub) oder eine negative Energie (ein Streit).

Dazu gehören natürlich auch andere Personen oder Orte. Hier erinnern sich Personen, Orte oder Situationen, wo wir besonders glücklich oder besonders unglücklich gewesen sind.

Nehmen wir an, du siehst deinen autoritären Vater, und eine Weile später visualisierst du deinen strengen Chef. Vielleicht wird dir schon dadurch klar, weshalb du dich mehr über ihn aufregst als andere Kollegen es tun?

Durch diese Erkenntnis hast du vielleicht schon ein Muster erkannt, nämlich dass du dich an strengen Vaterfiguren abarbeitest und diese irgendwie »verbessern« möchtest? Endlich möchtest du mal die Anerkennung bekommen, die du dir eigentlich von deinem Vater gewünscht hast – und willst sie jetzt stellvertretend bei deinem Chef »verdienen«.

Deine Innenwelt-Begleiterin wird dich jetzt zu einem ungewöhnlichen Gedankenspiel einladen, nämlich dass du in deiner Innenwelt einmal deinen Vater und deinen Chef zusammen bringst. »In echt« wird das wahrscheinlich nie passieren. Doch in deiner Innenwelt passiert durch diese Synergie etwas Neues. Das ist übrigens auch nicht direktiv, sondern eine Option, und zwar als Möglichkeit zur Vernetzung deiner inneren Bilder.

Du beobachtest nun staunend, was geschieht. Das ist nicht vorhersehbar, auch nicht für dich selbst. Du erinnerst dich: autonome innere Bilder!

Es könnte also sein, dass sich Vater und Chef gemeinsam gegen dich verschwören und über dich herziehen. Dadurch könnte wiederum passieren, dass du dich endlich einmal traust, deine Wut über dieses herablassende Verhalten zu spüren und zu äußern.

Manchmal braucht es Jahrzehnte, bis wir uns trauen, etwas in der Kindheit Geprägtes zu hinterfragen und innerlich zu verändern. Genau dazu brauchst du wieder deine Begleiterin, die dich fragen kann: »Was willst du jetzt tun?«

Wenn du beispielsweise antwortest: »Ich will meinen Vater anschreien!« wird dich die Begleiterin ermutigen und wieder offen fragen: »Was genau willst du ihm sagen?« Du schreist dann deinen inneren Vater an, nicht den echten. Und der innere Vater ist es ja auch, der dich nach all den Jahren noch belastet, vielleicht nicht einmal mehr der echte Vater in der Außenwelt.

Es könnte aber auch ganz anders kommen. Zum Beispiel dass dein innerer Vater bei der Begegnung mit deinem inneren Chef Partei für dich ergreift. Ein Alphatier trifft das andere! Dein Vater sagt zu deinem Chef: »Wie kommen sie darauf, meine Tochter so herumzukommandieren? Sie hat studiert und ist kompetent!« Dann passiert überraschenderweise von alleine das, wonach du dich schon Jahrzehnte gesehnt hast, nämlich dass dein Vater Partei für dich ergreift und dich beschützt.

Die Vernetzung der beiden inneren Personen hat also zu einer überraschenden neuen Sichtweise geführt.

Deine Begleiterin ist dann wieder hilfreich zur Stelle, dich das Neue im Körper spüren zu lassen, genauer zu benennen und ggf. in einer weiteren Situation auszutesten: »Dein neuer hilfreicher Vater, wie geht es dir mit ihm?«

Selbst wenn der äußere Vater sich nicht ändern sollte, so hast du doch in Zukunft ein anderes inneres Bild von ihm – so wie es ebenso sein könnte, und wie du es selbst jetzt so siehst. Dein inneres Bild hast du Tag und Nacht bei dir, es ist also präsenter als der echte Vater, den du nur ab und zu siehst. Der Vater könnte sogar schon verstorben sein, doch dein inneres Bild vom Vater bleibt dir ja erhalten.

Und noch eine gute Botschaft: ich habe immer mal wieder die Rückmeldung bekommen, dass sich auch »äußere, echte Väter« noch im Alter tatsächlich ändern können. Wenn du deinen echten Vater jetzt mit deinem transformierten inneren Vaterbild betrachtest, kannst du seine Veränderung leichter erkennen und annehmen. Dadurch wird es auch nochmal leichter für dich in der Außenwelt sein.

Und falls nicht, siehe oben: Das innere Bild ist dein geistiges Eigentum und wenn du damit im Frieden bist, geht es dir eindeutig besser.

Kapitel 5: Grundhaltung

Neugierig sein auf sich selbst

Manche Menschen haben regelrecht Angst vor ihrer Innenwelt und sagen, sie glauben nicht daran, dass diese etwas mit ihnen zu tun haben sollte. Mit Verlaub: für mich klingt das so ähnlich wie: »Was, mein Arm hat etwas mit mir zu tun? Nö, der hängt da nur so herum.«

Mit wem sollen deine Innenwelt und die darin gespeicherten Erfahrungen denn sonst etwas zu tun haben? Mit deiner Partnerin oder deinem Partner? Mit dem Film, den du gestern Abend gesehen hast? Mit dem Schicksal?

Bereits Johann Wolfgang von Goethe beobachtete bei seinen Zeitgenossen, dass Viele eben nicht neugierig sind auf sich selbst oder ihr Inneres:

»Ach, so viele tausend Menschen kennen,
Dumpf sich treibend, kaum ihr eigen Herz,
Schweben zwecklos hin und her und rennen
Hoffnungslos in unversehrtem Schmerz!«

Hat sich daran bis heute einiges geändert? Was meinst du dazu? Wie können wir denn nun unser eigenes Herz und unser eigenes Unterbewusstsein besser kennen lernen? Es lohnt sich, denn das Unterbewusstsein ist alles andere als fremd, feindlich oder gar dumm.

Vom Unterbewusstsein aus werden alle wichtigen Entscheidungen im Leben blitzschnell mit getroffen. Du glaubst das nicht? Lass uns eine kleine Übung dazu machen.

Übung

Stell dir bitte vor, du bist bei einer Veranstaltung. Nun geht die Tür auf, und ein extrem attraktiver Mensch betritt den Raum.

Dein Unterbewusstsein checkt sofort ab, ob du dich in ihn oder sie verlieben könntest. Das dauert keine Minute, und ungefragt liefert es dir diese »Dienstleistung«.

Es checkt, ob er oder sie verheiratet sein könnte, und fragt sich, wie diese Person wohl so sein könnte. Oder es liefert dir eine Idee, wie du auf dich aufmerksam machen könntest, um diesen Menschen näher kennen zu lernen.

Du bekommst sofort ein Ja oder Nein aus deinem Inneren.

Leider liefert das Unterbewusstsein parallel oft auch gleich Vorbehalte mit. Zum Beispiel: der oder die andere ist ja viel zu attraktiv für mich. Oder: ich sehe zwar keinen Ehering, aber bestimmt ist die Person trotzdem liiert!

Das sind dann unsere einschränkenden Glaubenssätze und Erfahrungen, die negativ hinein funken. Leider wird oft das (und nur das) dem Unterbewusstsein negativ angelastet. Dabei speichert es einfach nur das wichtigste seelische Material aus dem Leben eines Menschen.

Wenn du jetzt also neugierig auf dich selbst sein möchtest, dann kannst du all das erforschen: was habe ich denn da in mir gespeichert, sowohl an Vorlieben, als auch an Vorbehalten? Du kannst mit Hilfe eines Begleiters für Innenweltreisen alle Informationen aus dem Unterbewusstsein dechiffrieren. Und ich verspreche dir, das setzt unglaubliches Vertrauen in dich selbst frei. Du lernst dich selber besser kennen.

Die Reise nach innen ist eine der spannendsten Reisen, die du unternehmen kannst, und sie ist sehr nachhaltig. Denn Erkenntnisse, die du aus den Tiefen deines Selbst gewonnen hast, gehen nicht einfach wieder so weg.

Denn tief in dir drinnen liegt die Schaltzentrale für ein glückliches oder unglückliches Leben. Gehe es an, die Weichen richtig zu stellen.

»Ich mach mein Ding!«

Udo Lindenberg, Musiker
und Ehrenbürger der Hansestadt Hamburg

Freiwilligkeit und Selbstverantwortung

Vor mehreren Jahren hatte ich mit Kollegen einen Messestand auf dem Messegelände Berlin, um die Synergetik-Innenweltreisen bekannter zu machen. Die Messe hieß: »Fit und aktiv im Alter«. Wir hielten dort Vorträge und beantworteten Fragen.

Es gab mehr oder weniger zwei Gruppen von Senioren, die an unserem Messestand auf ein Gespräch anhielten. Die eine Gruppe sagte: »Ach Gott, wir sind die Alt-68er und haben alles an Selbsterfahrung mitgemacht, was man sich so denken kann. Wir sind austherapiert!«

Die andere Gruppe hatte Angst, sich an ihr Inneres zu wagen. »Jetzt sind wir schon so alt geworden, und haben das nicht gebraucht, jetzt lohnt es sich auch nicht mehr, was Neues anzufangen. Wer weiß, was da hoch kommt!«

Häufig sagte auch ein Partner über den anderen (der übrigens daneben stand!): »Ja, mein Mann müsste mal so was machen!« – oder umgekehrt.

Unter Therapeuten kursiert der Spruch: »Wer glaubt, dass ein Anderer eine Therapie braucht, braucht selber eine.« Da ist was dran!

Ein älteres Ehepaar hielt bei uns am Stand an. Der Mann las laut das Plakat vor: »Innenweltreisen«. Das sagte ihm wohl nicht viel. Sein Kommentar zu seiner Frau war: »Also, wenn eener von uns beeden stirbt, mach ick ´ne Weltreise.« Das also löste der Begriff Innenweltreise bei ihm aus – und seine Frau hörte das! Kurios!

In Seminaren passiert es immer mal wieder, dass sich Jemand anmeldet, und der Partner oder die Partnerin kommt mit. Wenn das freiwillig geschieht, ist das eine wunderbare Sache, denn dann kann man beim Partner oder der Partnerin miterleben, welche inneren Themen gelöst werden und welche Weiterentwicklung gerade geschieht. Ich sehe es regelrecht als ein Geschenk untereinander an, sich auf diese Art wechselseitig »hinter die Kulissen« schauen zu lassen.

Anne und Tom nehmen am Seminar »Visionstag« teil. Dabei treffen wir uns jedes Jahr am ersten Sonntag, um in einer Gruppeninnenweltreise das neue Jahr zu begrüßen. Wir sind quasi, Jeder für sich, unser eigener Experte für das, was das Unterbewusstsein schon vorausschauend ahnt oder weiß. Über die inneren Bilder werden die wichtigsten Tendenzen für die nahe Zukunft bereits sichtbar. Sehr faszinierend!

»Sind wir bereit, an die Kraft unserer eigenen Stimme zu glauben?
Und sind wir bereit, zu wachsen?«

Michelle Obama,
US-amerikanische Rechtsanwältin und Autorin

Anne ist zum wiederholten Mal beim Visionstag neugierig dabei. Sie findet, ihr Mann Tom müsse das auch mal kennen lernen, und bringt ihn mit. Tom stellt sich also mit den Worten vor: »Anne findet, ich soll das mal mitmachen.« Er ist leider nicht wirklich aus freien Stücken dabei.

Das zeigt sich dann auch in seinen inneren Bildern. Er sieht sich in einem Käfig 1,5 x1,5 Meter, wo er also noch nicht einmal stehen kann. Dort kauert er, und hat ein Stück trockenes Brot in der Hand. Alles andere als eine inspirierende Vision für das neue Jahr!

Wir anderen Gruppenteilnehmerinnen versuchen es in der anschließenden gemeinsamen Auswertungsrunde dann noch wohlwollend und humorvoll zu deuten: »Die Grundversorgung ist gesichert.«

Für Tom ist es auf jeden Fall ein Anstoß, über sich und seine Zukunft intensiver nachzudenken. Er selbst meint, er könne damit schon etwas anfangen. Interessanterweise ist Anne in seinem Innenweltbild nicht dabei, auf jeden Fall nicht mit innerhalb des Käfigs. Anne meint, das karge Innenweltbild von Tom könne mit ihrem Drängen zu tun haben. Auch sie will sich weiter damit beschäftigen und erkennt bereits Parallelen zu ihren sonstigen Überredungskünsten innerhalb der Beziehung.

Anknüpfungspunkte zur weiteren Betrachtung gibt es für Tom und für Anne einige. Wenn das dann freiwillig und zum richtigen Zeitpunkt geschieht, hat es einen ganz wunderbaren Nebeneffekt.

Viele Klienten schildern mir, dass sie schon lange nach einem Weg gesucht haben, sich selbst und miteinander besser zu verstehen. Oder sie suchten nach einem Weg, ihre nächtlichen Träume zu interpretieren. Denn da tauchen ja gleichermaßen innere Bilder auf, die uns etwas Persönliches sagen wollen.

Dieses »sich auf den Weg machen« und sein eigenes Unterbewusstsein zu erforschen, hat ganz viel mit Selbstverantwortung zu tun. Denn wir können dann nicht mehr dem Thriller oder Krimi die Schuld geben, dass wir etwas Bedrohliches geträumt haben, sondern wir fragen uns: was hat das mit mir zu tun? Warum geht mir gerade diese Szene aus dem abendlichen Film nach, was triggert mich da genau? Und das ist ja nicht bei jedem Menschen das Gleiche.

Du kannst das nach und nach für dich klären, wie gesagt: freiwillig und demzufolge selbstverantwortlich.

Du bist dein eigener Experte

»Glücklich ist nicht,
wer anderen so vorkommt,
sondern wer sich selbst dafür hält.«

Seneca, römischer Dichter und Philosoph

Meine ganze Kindheit und Jugend über wollte ich unbedingt Medizin studieren. Ich arbeitete schon als Jugendliche ehrenamtlich beim Deutschen Roten Kreuz DRK mit. Mein Vater meinte allerdings, immer mit dem Leid der Menschen zu tun zu haben, würde einen langfristig nicht glücklich machen.

Als ich dann nicht auf Anhieb den gewünschten Medizin-Studienplatz bekam, studierte ich tatsächlich den Beruf meines Vaters und wurde Ingenieurin. Ich war damals übrigens nicht meine eigene Expertin, sondern hörte auf einen anderen Experten, nämlich meinen Vater. Er pries den Ingenieurberuf an: »Es ist ein sicherer Beruf, man sitzt im Warmen und verdient gutes Geld.«

Mit zweien dieser Aspekte hatte er Recht (der Sicherheit und dem Verdienst), doch mit dem Sitzen im Warmen nicht. Das lag allerdings an mir, denn ich wurde Bauleiterin. Dabei hatte viel in Rohbauten zu tun, die oft noch keine Fenster oder Türen hatten. Doch das störte mich nicht so, denn der dynamische Prozess des Bauens faszinierte mich, und ich war wirklich gerne auf den Baustellen.

Heute weiß ich, dass mein Vater mich mit seinem Ratschlag davor bewahren wollte, in einem medizinischen oder helfenden Beruf unglücklich zu sein.

Doch die Tätigkeit als Ingenieurin erfüllte mich nie so sehr, wie mein jetziger Beruf. Mit Ende 30 wechselte ich dann meinen Beruf zu dem, was mich wirklich tief beglückt: mit Menschen zu arbeiten, und sie auf ihrem ganz eigenen Weg zu Freude, Klarheit und mehr Gesundheit zu unterstützen. Eine Win-win-Situation, für mich und auch für meine vielen Klienten, die ich seitdem begleiten durfte.

Das neugierige Schauen, was individuelles Glück und individuelle Lösungen für jeden Einzelnen bedeuten, wird nie langweilig. Denn du selbst gibst den Ereignissen und den Menschen in deinem Leben die Bedeutung und deine Prioritäten. Du und nur du kannst überprüfen, was dich glücklich macht.

»Was mich nicht glücklich macht, kann weg!«

Albert Einstein,
deutsch-schweizerischer Physiker und Humanist

Menschen, die ihr eigenes Lebenskonzept oder ihre eigenen Vorstellungen von Glück jemandem anderen überhelfen wollen, kennen wir alle. Manchmal ist es die eigene Partnerin, manchmal die Familientradition.

Da soll eine Firma vererbt werden, und es kommt nur der eigene Sohn in Frage. Der Sohn hat aber ganz andere Pläne.

Es gibt natürlich auch das Gegenteil, und wir wünschen uns einen Experten für unser Leben, der uns Entscheidungen abnimmt.

Zum Beispiel Guido: er ist Hotelbesitzer und nimmt ein einstündiges Beratungsgespräch bei mir wahr. Zur eigentlichen Innenweltreise oder zu einer Systemischen Aufstellung wären wir dann nach dem Erstgespräch gekommen. Guido schildert in dieser ersten Stunde die finanziellen Sorgen, zu denen sich massive gesundheitliche Probleme gesellen.

Er kann seinen Mitarbeitern nicht 100prozentig vertrauen und gestattet sich daher nicht, beruflich etwas kürzer zu treten.

Beim Verabschieden, quasi schon im Mantel, fragt er mich unvermittelt und energisch: »Soll ich mein Hotel denn nun verkaufen, oder nicht?« Darauf kann ich Guido natürlich keine Antwort oder Ratschlag geben. Er hat sich das wohl erhofft, dass ihm jemand nach einer Stunde sagen kann, was er zu tun hätte. Es wäre allerdings fahrlässig, so eine immens wichtige Entscheidungsfrage zwischen Tür und Angel zu beantworten.

Ich biete Guido an, diese Frage im Detail und tiefergehend in einer Innenweltreise zu klären, um quasi maßgeschneidert für ihn eine Antwort zu finden, die auch mit seinem Unterbewusstsein zusammen passt.

Doch leider hat sich Guido bisher nicht zu so einem Termin entschlossen. Das Hotel gibt es weiterhin, aber auch seine chronische Überforderung.

»Ratschläge sind auch Schläge!«

Volksmund

Ratschläge sind zwar gut gemeint, doch sie können nie eine persönliche Entscheidung abnehmen. Man kennt sich selbst am besten und ein Anderer kann nur einen kleinen Einblick in die komplexe Persönlichkeit haben.

Manche Therapeuten oder Coaches schwingen sich derart zu Experten auf, dass es schon kracht! Entweder werben sie im Vorfeld: »Gehe diese drei Schritte genauso, wie ich es in meinem Leitfaden vorgebe, und du wirst Millionär / schwanger / vergeben können / erleuchtet… » was immer du willst!

An vollmundigen Versprechungen mangelt es nicht. Finger weg von solchen Angeboten, es werden nur Abhängigkeiten erzeugt.

Oder Therapeuten und Coaches ernennen sich während der Begleitung zu allein selig machenden Experten, und entmündigen dabei die Klienten. Dazu zählen solche Sätze wie: »Du bist noch nicht soweit!« oder »Das sieht mir ganz nach Missbrauch aus / das sieht mir ganz nach einem ungeborenen Zwilling aus / das rührt bestimmt aus einem früheren Leben….«

Diese therapeutischen Verdachtsdiagnosen eröffnen weitere Fragestellungen und machen den Klienten noch unsicherer oder ebenfalls wieder abhängig vom Coach.

Doch zurück zu dem, was in puncto »eigener Experte« hervorragend funktioniert.

Ich möchte dir von Ayşe erzählen. Auch sie ist Teilnehmerin an einem Visionstag, von dem ich im vorigen Unterpunkt erzählt habe – du erinnerst dich? Anne und Tom.

Ayşe sieht recht viel in ihrer Innenweltreise, detailliert und farbenfroh. Sie sieht ein Baby! Sie hält das Baby auf dem Arm und ist glücklich. Wieder findet in diesem Falle die Interpretation erst nach der Innenweltreise statt, da ja in einer Gruppeninnenweltreise nicht Jeder seine eigenen inneren Bilder gleich laut ansprechen kann und sie damit hundertprozentig verstehen kann. Ayşe meint, ein echtes Baby kann es ja nicht sein, sie hat ja nicht mal einen Freund!

Wir deuten dann gemeinsam das Baby als etwas Neues, was in diesem Jahr auf sie zukommt, ein Projekt, das sie glücklich macht. Und was für ein Projekt! Es ist tatsächlich ein Baby, das noch in diesem Jahr geboren wird! Ayşes Unterbewusstsein hat das bereits präzise »gewusst« und gezeigt. Doch der Verstand konnte das nicht so schnell glauben, zumal es etwas so Gravierendes war.

Genau das meine ich mit dem eigenen Expertentum.

Individuelle Symbolik der inneren Bilder

Ich habe eine interessante Erfahrung gemacht: Engel, Elfen, aber auch Teufel und Hexen erscheinen von alleine in der menschlichen Innenwelt. Das ist so eine unglaubliche Erkenntnis, denn kaum einer von uns hat je eine Elfe gesehen, oder?

Dass diese Symbolbilder trotzdem immer wieder eine wichtige Rolle spielen, wirft interessante Fragen auf.

Ist es das kollektive Unterbewusstsein, was diese Symbolbilder in uns entstehen lässt? Sind es Bilder, die aufgrund von Märchen und Sagen in uns lebendig werden? Oder sind es Erinnerungen aus Filmen, die unser Unterbewusstsein in unsere Innenweltreisen einbaut? Das Letztere kann es wohl nicht nur sein, denn Filme gibt es noch gar nicht so lange. Im Dezember 1895 gab es wohl die erste Filmvorführung, das war in Paris. Doch das nur am Rande.

Wo immer diese Symbolbilder nun genau kollektiv herkommen, es gibt sie. Wiederum weißt nur du, was ein einzelnes Symbol oder eine Symbolgestalt für dich selbst bedeutet, oder du kannst es herausfinden.

Übung

Nehmen wir einmal die Hexe. Hast du Lust, mal eine Hexe vor deinem inneren Auge erscheinen zu lassen? Macht sie dir Angst, oder ist es eine freundliche Hexe? Vielleicht ist es auch eine wissende Kräuterhexe? Ist sie gut oder böse?

Denn genau das können wir nicht automatisch über sie wissen. Aber wir dürfen ja die innere Hexe fragen und sie dadurch besser verstehen.

Zum Beispiel: »Hexe, was willst du von mir? In welcher Zeit meines Lebens bist du entstanden?«

Das hast du vielleicht noch nicht gemacht, diese Symbolgestalten direkt zu befragen.

Es kann ein zutiefst spirituelles Erlebnis sein, einmal mit einem Engel zu reden. Kann sein, dass er oder sie in Worten antwortet, kann auch sein, dass berührende Gesten oder Blicke stattfinden. Ich verspreche dir, es wird dir nicht egal sein!

Wir sind ja bei der großen Überschrift: Grundhaltung bei Synergetischen Innenweltreisen. Wenn wir das jetzt mal mit der Message verknüpfen, dass du dein eigener Experte bist, und du die Symbolik deiner inneren Bilder noch dazu erfragen und erforschen kannst, ahnst du vielleicht, was sich da für ein weiter Horizont öffnet.

Du bist nicht mehr abhängig von Wertesystemen Anderer. Du wirst nach und nach immer kompetenter in deinen eigenen Angelegenheiten. Du gewinnst an Selbstsicherheit und Urteilsvermögen.

Dann kommt noch etwas Tolles hinzu: Geht es dir selbst gut, geht es auch deinem Umfeld gut. Das weiss jede Mutter. Wenn sie gestresst ist, überträgt es sich auf die Kinder. Ist sie ausgeglichen, spüren das die Kinder und es geht ihnen ebenfalls besser. Gilt auch für Väter.

Kapitel 6: Dein Kinofilm aus deinem Inneren

Erster Teil: Wer spielt alles mit?

»Heute besuche ich mich selbst. Ich bin schon neugierig, ob ich Zuhause bin!«

Karl Valentin, deutscher Komiker und Volkssänger

Deine Synergetische Innenweltreise ist ein komplexes Geschehen. Dadurch, dass sich die Bilder von alleine zeigen dürfen, und keine Vorgaben gemacht werden, hat das Unterbewusstsein nun freie Auswahl, was es betrachten möchte.

So kann es sein, dass anfangs erst mal eine »Nebendarstellerin« auftritt, ähnlich wie in einem Kinofilm. Der Film geht ja auch nicht automatisch mit der Hauptdarstellerin los (kann sein, muss nicht sein).

Du beobachtest also, welche Personen in deinem Inneren heute mitwirken. Im ersten Teil der Innenweltreise sammeln wir erst mal die Teilnehmer, um dann später zu erkennen, was hat Person A mit Person B zu tun. Das erschließt sich in einem Kinofilm ja auch erst nach und nach.

Selbstverständlich kannst du auch hin und her springen zwischen den verschiedenen Schauplätzen und den verschiedenen Zeiten. Genau wie in einem Kinofilm: Szene und Sprung, Großblende und Rückblick, alles ist möglich.

Außerdem können auch personifizierte innere Anteile von dir mitspielen. Was meine ich damit?

Nehmen wir einmal an, du bist im Beruf total versiert und perfektionistisch veranlagt, dann könntest du diesen Anteil von dir nennen: die Perfekte. Du siehst die Perfekte dann als inneres Bild wahrscheinlich im Business-Outfit und dezent geschminkt.

Im Privatleben kennst und lebst du allerdings auch die Gemütliche oder auch die Unsichere. Dann könntest du jeder dieser 3 Frauen eine eigene Gestalt geben, die sich durch Kleidung, Gesichtsausdruck und Wortwahl unterscheiden werden.

Die Gemütliche trägt vielleicht einen alten Lieblingspullover und hat verstrubbelte Haare, und die Unsichere ist noch im Nachthemd.

So kannst du sie rein äußerlich voneinander unterscheiden. Die verkörpern verschiedene Teile deiner Persönlichkeit und haben auch verschiedene Interessen. Das kann dir dann helfen, Interessenskonflikte noch besser zu verstehen, oder auch durch Interaktionen zu lösen.

Ich wiederhole an dieser Stelle sicherheitshalber noch einmal, was ich in der Einleitung beschrieb: dass ich zwar nicht gendere, aber stets alle Menschen gleichberechtigt meine.

Die verschiedenen Anteile deiner eigenen Persönlichkeit spielen dann zusammen mit den echten anderen Personen in deinem »Kinofilm« mit. Und nun wird es sehr spannend, denn du kannst Konflikte und auch Kommunikationsprobleme gezielter und besser untersuchen und lösen.

Anteile von dir können sogar auch Körperteile sein. Jeder kennt die Sprüche: »Tue, was dein Herz dir sagt!« oder »Gehe nach deinem Bauchgefühl!«

Tja, was mache ich denn, wenn ich keinen Zugang zu meinem Bauchgefühl habe? Dann kann ich es üben und regelrecht trainieren.

Dein Therapeut hilft dir dabei. Er bittet dich, dir in Tiefenentspannung dein Bauchgefühl als eine konkrete Gestalt aufzurufen, als Wesen, Tier, Person oder Symbol. Eine von diesen Möglichkeiten erscheint auf jeden Fall. Und dann hast du ein Gegenüber, was du »ausfragen« kannst. Außerdem kannst du von dort Informationen und Ratschläge bekommen. Das sind dann Ratschläge aus deinem Inneren, und diese sind für dich maßgeschneidert.

Nehmen wir ein Beispiel. Das Bauchgefühl könnte dir zuflüstern: »Miete die Wohnung nicht. Sie ist zwar hell und gut geschnitten, aber mit den Nachbarn über dir kommst du nicht klar. Du hast doch gehört, wie laut sie trampeln.«

Vom Kopf her denkst du zwar, so eine tolle Wohnung bekommst du nie wieder und zu dem Preis schon gar nicht, doch dein Bauchgefühl warnt dich: »Von der tollen Wohnung hast du gar nichts, wenn du dich dort jeden Tag ärgern musst! Noch dazu über etwas, was du nicht mal ändern kannst: den Krach der Nachbarn! Du wirst dort nicht zur Ruhe kommen.«

Danke, liebes Bauchgefühl, kannst du dir sagen. Ich werde besser mal auf dich hören. Doch selbstverständlich muss so ein Zugang zum Bauchgefühl trainiert werden, so dass wir diese feine innere Stimme dann auch wahrnehmen.

Zweiter Teil: Interaktionen

Im zweiten Teil deines inneren Kinofilms holst du nun mit diesen inneren Personen oder Anteilen aktiv genau das nach, was du nachholen oder vervollständigen möchtest. Das kann sein, dass du dir über bestimmte Gefühle zur anderen Person erst einmal in Ruhe klar werden möchtest.

Es finden konkrete Dialoge statt und manchmal »kracht es« dabei, wie bei einem reinigenden Gewitter. Es können Entschuldigungen oder Versöhnungen geschehen.

Du siehst schon, hier wird es recht dynamisch, eben interaktiv! An deinem Verhalten den Anderen gegenüber können wir Muster erkennen und natürlich neue Verhaltensmuster üben. Dabei tauchen meist auch Blockaden auf, die du erst noch zu lösen hast. Daran reifst du und begibst dich weiter auf deine ganz eigene Heldenreise.

Wenn du nicht weiter weißt, was ganz bestimmt mal vorkommt, steht dir dein Begleiter für Innenweltreisen zur Seite. Allein, indem er einen (oder besser noch zwei) Vorschläge macht, wie es weiter gehen könnte, kommst du heraus aus dem alten Gedankenmuster: »Hier geht es nicht weiter«! Es passiert auch, dass keiner der weiterführenden Vorschläge des Begleiters passt und du dich dagegen wehrst: »Nein, so geht es nicht! Aber ich möchte jetzt das mal ausprobieren.« Und schwupp, bist du dadurch selbst auf einer neuen Fährte.

Ein jugendlicher Klient, Tim, löst die Sache mit den Blockaden ganz praktisch. Er sieht seine Innenwelt wie ein Computerspiel, wo er immer mal wieder ein neues Level erreichen muss. Ihm ist ganz klar, dass dabei Hindernisse auftauchen und überwunden werden müssen, so funktionieren auch seine Computerspiele. Er arbeitet alles spielerisch ab.

Tim selbst ist dabei auch eine Comicfigur, mit allen seinen Fähigkeiten und Eigenschaften. Cool, Tim ist begeistert!

Witzig ist, dass Tim zwar zu seinen inneren Personen spricht, diese ihm aber nicht antworten können. Wir arbeiten mit einem kleinen Trick, und zwar mit Sprechblasen – so ist es ja auch oft in Comics. In den Sprechblasen stehen dann die Antworten und es kann somit eindeutig weiter gehen.

So kann Tim leicht mit seinen inneren Blockaden kommunizieren und diese lösen, denn die Antworten stehen ja für ihn in den Sprechblasen. Er selbst ist der Hauptdarsteller in seinem inneren Computerspiel, und er findet das mega!

Dritter Teil: Lösung und Verankerung

Im Kinofilm ist dieser dritte Teil der Lösung meist recht kurz gestaltet.

Ich persönlich finde es oft enttäuschend, wenn während eines langen Kinofilms daraufhin gearbeitet und gefiebert wird, ob denn nun Person A mit Person B wirklich zusammen kommt. Zum Schluss haben sie sich dann meist zueinander bekannt – doch wir sehen davon nichts mehr. Schnarcht er? Können sie sich auf einen gemeinsamen Wohnort einigen? Macht ihnen die Schwiegermutter das Leben schwer oder nicht?

All das erfahren wir nicht – und an der Stelle, wo es eigentlich richtig losgehen könnte, endet es!

Bei Innenweltreisen wird die Lösung anschaulich gemacht und gewissermaßen auf Alltagstauglichkeit ausgetestet. Nur so kann der Klient sicher sein, dass er mit der neuen Verhaltensweise oder dem neuen Denkmuster in Zukunft besser leben kann.

Wir probieren es gemeinsam aus, indem der Klient in seiner Vorstellung in die Zukunft reist.

Sven hat etwas sehr Wichtiges vor: er will nicht mehr Koksen! Kokain ist zur Modedroge geworden und in seinem Freundeskreis nichts Außergewöhnliches. In der Innenwelt erkennt er, dass er sich dazu radikal von einigen »Freunden« distanzieren muss, damit es ihm gelingt, von seiner Kokainsucht loszukommen.

Wir spielen es durch, wie er es ihnen genau sagen wird, dass er aufs Koksen und auf seine dementsprechende Freunde in Zukunft verzichten möchte. Natürlich stößt er dort auf Unverständnis. Es tauchen Fragen auf, ob er es denn selbst durchhalten würde, so ganz ohne sein bisheriges soziales Umfeld zu sein?

Sven ist sich seiner Sache jedoch total sicher: so möchte er nicht weiter machen, und ist bereit, dafür seinen Freundeskreis drastisch zu verkleinern. Zum Glück ist seine neue Freundin an seiner Seite, die mit den Drogen noch nicht viel Erfahrung gemacht hat, und ihn darin bestärkt: in der Innenwelt, und auch in der Außenwelt.

Sven bekommt am Ende des »eigenen Kinofilms« einen viel besseren Bezug zu seinem eigenen Körper. Er sagt, dass er seinen Körper nicht mehr länger übergehen möchte, und solche guten Körpergefühle wie nach dem klaren Beschluss schon länger nicht mehr hatte. Diese können wir nun im Körper »verankern«, d.h. haltbar und wiedererkennbar machen.

Sven hatte nämlich anfangs ein flaues Gefühl im Magen und einen sogenannten Kloß im Hals. Beide Körpergefühle transformierten sich erst durch die inneren Klärungen mit seinem toxischen Freundeskreis, also durch klare und entschiedene Worte zu ihnen.

Gegen Ende der Innenweltreise fühlten sich der Magen und der Hals für Sven freier und weiter an. Ich bat Sven, diese positiven Körpergefühle innerlich abzuspeichern. Er versprach sich selbst, in Zukunft genau auf diese Signale des Körpers zu achten: wann fühlt sich etwas flau oder eng an, und wann im Gegenteil dazu angenehm und entspannt.

Ich frage Sven, ob für heute alles so bleiben kann, bzw. ob er noch Fragen an Beteiligte in seiner Innenwelt hat. Das ist nicht der Fall.

Die Innenweltreise hat nun seine vorherige Absicht zu einem tief verankerten Beschluss reifen lassen. Ich erfahre später, dass es ist ihm tatsächlich gelungen ist, von den Drogen weg zu kommen.

»Wer denkt, nichts ändern zu können, sollte sein Denken ändern.«

Ernst Ferstl, österreichischer Schriftsteller und Lehrer

Kapitel 7: Angenehm oder Unangenehm

Angenehme Erinnerungen verstärken

Ich behaupte mal, Du erinnerst dich an deinen letzten richtig schönen Urlaub. Wollen wir das gleich einmal ausprobieren?

> **ÜBUNG**
>
> Du schließt die Augen und atmest ein paarmal tiefer und gleichmäßiger ein und aus. Dann kannst du vor deinem inneren Auge genüsslich auftauchen lassen, welcher Urlaub das denn war, der sich jetzt erinnern möchte. Ein richtig schöner Urlaub, mit allem Drum und Dran.
>
> Visualisiere einen konkreten Ort und eine konkrete Situation, so als ob du jetzt noch einmal da bist. Du schaust, ob du in dieser Szene allein bist, oder mit Anderen. Und ob du drin oder draußen bist. Mach es ganz konkret und genieße noch einmal die entspannte Zeit mit allen deinen Sinnen.

All das ist gespeichert in deinem neuronalen Netz als sogenanntes Gehirnbild. Ein kleiner Exkurs in die Begrifflichkeiten – und das beim Thema Urlaub. Nun gut!

Wikipedia sagt dazu: »Als neuronales Netz wird in den Neurowissenschaften eine beliebige Anzahl miteinander verbundener Neuronen bezeichnet, die als Teil eines Nervensystems einen Zusammenhang bilden.« Vereinfacht gesagt ist das die biologische Vernetzung. Doch was ist nun ein Neuron? Ich zitiere in den nächsten beiden Sätzen wieder sinngemäß Wikipedia:

Ein Neuron ist eine elektrisch erregbare Zelle, die mit Hilfe von elektrischen und chemischen Signalen Informationen aufnimmt, verarbeitet und weitergibt. Neuronen sind Nervenzellen.

Je mehr Verbindungen wir also zwischen diesen Neuronen wir haben, desto besser vernetzt sind wir und können besser bzw. elastischer auf Reize reagieren.

Über diese Neuronen sind auch unsere Erinnerungen gespeichert. Jedes Mal, wenn wir an etwas denken, werden diese Energieströme aktiviert. Denken wir an angenehme Erlebnisse und Erfahrungen, bilden sich sogenannte positive »Energieautobahnen« heraus. Das hast du eben gerade bei deiner Erinnerung an den Urlaub erlebt.

Oder auch umgekehrt, wenn wir an negative Erinnerungen immer wieder denken, beispielsweise aus einer Trauer nicht heraus finden, werden die neuronalen Verbindungen zu diesem Thema verstärkt aktiviert.

Die positiven Erinnerungen sind unsere wertvollen Ressourcen, also gute und stärkende Erfahrungen und Erlebnisse. Aus denen können wir schöpfen, um weiter Gutes zu kreieren.

In Innenweltreisen werden diese positiven Erlebnisse richtig genossen, im Körper intensiv gefühlt und als kostbare Erinnerungen wahrgenommen. Manchmal ist es ein innerer Ort, an den wir sehr gern zurückkehren und uns dort automatisch wohlfühlen. Oder es sind angenehme Kindheitserinnerungen, beispielsweise bei Oma auf dem Schoß zu sitzen und sich rundum geborgen zu fühlen.

Übung

Komm, lass uns zu diesem schönen Thema gleich einen weiteren Versuch unternehmen. Wenn du diese Anleitung gelesen hast, lege dir gern ein ruhiges, entspannendes Musikstück auf und schließe die Augen. Beame dich dann innerlich an einen wunderschönen Ort. Staune, welcher Ort es sein wird, habe keine Absicht oder keinen Plan. Manchmal ist es ein innerer Ort, den du tatsächlich kennst, und manchmal auch ein noch unbekannter oder symbolischer Ort.

Viele Menschen entspannen in ihrer Vorstellung gern auf einer Blumenwiese, und werden vielleicht Schmetterlingen besucht. Andere sind gern am

> Strand und spüren die Sonne auf ihrer Haut und den Sand an ihren Füßen.
>
> Na, was ist es bei dir?

Das ist auf jeden Fall ein Ort, an den du dich auch später immer wieder hin meditieren kannst. Ein ganz persönlicher innerer Kraftort, an dem dich keine Sorgen, Ängste oder Nöte erreichen!

Unangenehme Erinnerungen verändern

Unangenehme Erinnerungen tauchen selbstverständlich auch auf, wenn wir eine Innenweltreise machen. Du erinnerst dich an die Energieautobahnen aus dem Kapitel mit den neuronalen Verbindungen?

Dem Gehirn ist es letztlich egal, ob es sich um angenehme oder unangenehme Erinnerungen handelt. Es zeigt dir die Erinnerungen mit der größten Energieladung, ob positiv oder negativ geladen.

Negative Erinnerungen versuchen wir gern zu verdrängen. Doch das gelingt nur bedingt. Oft zahlt der Körper den Preis dafür, denn unser Immunsystem wird durch das chronische Verdrängen schwächer. Durch unterdrückte Erinnerungen und Gefühle werden Stressreaktionen ausgelöst, wie erhöhter Bluthochdruck und Magenprobleme, aber auch Herzerkrankungen, Nierenschäden und Diabetes können die Folge sein.

Es ist also immens wichtig, sich auch seinen unangenehmen Erinnerungen zu widmen.

Bei Innenweltreisen halten wir die Erinnerung an etwas Unangenehmes so kurz wie möglich. Wir wollen allerdings auch Gelegenheit geben, früher nicht gelebte Gefühle nachzuholen. Da geschieht es, dass man weint oder wütend wird. Doch das befreit dann auch!

*»Tränen sind
das Grundwasser der Seele.«*

Augustinus, römischer Bischof und Kirchenlehrer

Doch wir wollen nicht in der Trauer oder Wut stecken bleiben. An Ort und Stelle erforschen wir, was sich für Muster hinter den Erfahrungen verbergen. Wir wollen ungute Muster (also schwächende Denk- und Verhaltensweisen) verändern. Dabei unterstützt dich deine Begleiterin, denn sie hat dafür spannendes Handwerkszeug parat.

Das Besondere an den Synergetischen Innenweltreisen ist, dass du deine unangenehmen Erinnerungen aktiv und selbstbestimmt veränderst. Das ist ein unglaublicher Vorteil gegenüber anderen Methoden, die mit inneren Bildern arbeiten! Ich kann das nicht oft genug betonen.

Deine eigene Lösungsidee wird intensiv durchgespielt, und nicht die deines Therapeuten. Du erinnerst dich: Jeder ist sein eigener Experte.

Muster können erkannt werden

Kennst du das: es ist nachts um vier Uhr, und du kannst nicht schlafen. Du grübelst herum und die Gedanken drehen sich im Kreis.

»Sorgen sind wie Nudeln – man macht sich immer zu viele!«

Postkartenfund

Oft merken wir nicht einmal, dass wir uns mit den Sogen im Kreis drehen, denn diese Gedanken bewegen sich auf so eingefahrenen Bahnen, dass sie uns so vertraut sind und wir vollständig an das glauben, was wir da so grübeln!

Man nennt das eine Gedankenautobahn, von der wir nicht mehr beliebig abbiegen können, eben wie bei einer echten Autobahn! Und dann kann es noch sein, dass wir eine Abfahrt verpassen…

Also fahren wir weiter auf dieser Autobahn der negativen Gedanken, und vertiefen damit sozusagen diese »Spurrille.«

Daher lohnt es sich total, sich mit seinen Sorgen jemandem Erfahrenen anzuvertrauen, der dann auch erkennen kann, ob es sich um Glaubensmuster oder um aktuelle Sorgen und Nöte handelt.

Ein Therapeut oder eine Therapeutin hilft dir, deine Muster zu erkennen, denn oft sind wir selbst dafür »betriebsblind«.

Kati wird bei jeder Familienfeier von ihrer Familie »liebevoll« damit aufgezogen, dass sie und ihr Freund Carsten nicht verheiratet sind. Man müsse doch endlich mal normal werden, in geregelten Verhältnissen leben, sich der Zukunft stellen, endlich mal erwachsen werden und ähnliche »Textbausteine« wiederholen sich immer wieder.

Kati kann es schon nicht mehr hören, wehrt sich aber auch nicht genügend dagegen. Sie kann nicht erkennen, dass es ein Familienmuster ist: Nur wer verheiratet ist, zählt etwas!

Allen voran geht Opa Gerhard. »Hier bei uns gibt es sowas nicht! Keiner lebt hier in wilder Ehe!«

Dieser Satz taucht dann auch innerhalb einer Innenweltreise auf. Dort traut sich Kati endlich, mal etwas dagegen zu halten: »Und du, Opa Gerhard? Was ist mit deiner Lebensgefährtin Hannelore? Ihr lebt doch beide zusammen in einem Haus und seid trotzdem nicht verheiratet.«

Opa Gerhard antwortet: »Nachdem meine Adelheid gestorben ist, Gott hab sie selig, will ich keine andere Frau mehr. Hannelore ist ja nicht wirklich meine Frau.«

Dabei bemerkt Gerhard gar nicht, dass das der berühmte Balken vor seinem eigenen Auge ist. Seine Enkelin Kati soll nicht unverheiratet mit ihrem Freund zusammen leben, doch er selbst tut es mit seiner Lebensgefährtin Hannelore.

Kati fällt auf, dass ihr Opa mit zweierlei Maß misst und will ihm das tatsächlich bei nächster Gelegenheit sagen.

Als sie sich das nächste Mal treffen, stellt sie etwas Interessantes fest: die gleichen Worte von Opa Gerhard triggern sie nicht mehr so. Sie schmunzelt innerlich und denkt sich, dass er an der Stelle wirklich ziemlich betriebsblind ist und natürlich auch einer anderen Generation angehört. Durch die Erkenntnisse aus der Innenweltreise ist die negative Energieladung aus der Situation genommen.

Sie beschließt für sich, dass sie toleranter mit dem Thema Heiraten umgehen kann: wenn sie es selbst möchte, macht sie es, und wenn nicht, dann eben nicht. Doch das ist dann ihre eigene Entscheidung und die ihres Partners, und keine Reaktion oder Gegenreaktion auf Äußerungen der Familie.

Synergieeffekte werden genutzt

»Schon der Flügelschlag eines Schmetterlings in Brasilien kann in Texas einen Orkan auslösen«

Edward Lorenz, Mathematiker und Meteorologe aus den USA

Dieses Bild prägte Edward Lorenz Anfang der 70er Jahre des letzten Jahrhunderts. Er machte damit das aufkommende Gebiet der Chaosforschung quasi über Nacht populär.

Worum geht es bei diesem Bild? Was meinst du?

Da sind wohl mehrere Symboliken enthalten. Etwas sehr Zartes, Kleines kann eine weitreichende, geradezu riesige Wirkung entfalten. Alles ist miteinander vernetzt und wirkt zusammen. Das ist ja auch die Definition von Synergie: das Zusammenwirken.

Selbst an anderen Orten ist der sogenannte Schmetterlingseffekt spürbar, da er so viel auslöst. Man nennt das Flügelschlag des Schmetterlings oder Synergieeffekt.

Wenn wir an die Wirkung von Greta Thunbergs Aktivitäten denken, haben wir hierfür ein Beispiel. Anfangs saß sie allein vor ihrer Schule und demonstrierte so für den Klimaschutz. Ihre Lehrer wollten sie zunächst davon abhalten (und solidarisierten sich später mit ihrem Anliegen).

Erstaunlich schnell wurde daraus eine größere Bewegung, die schließlich nach und nach weltweit ihre Wirkung auf eine konsequente Klimapolitik entfaltet.

Auf dem Wege dahin geschieht Chaos. D.h. auf einmal gingen weltweit sehr viele Schüler freitags nicht mehr in die Schule, sondern auf Demonstrationen für den Klimaschutz. Es wurde gestreikt!

Das wiederum hatte Auswirkungen auf weltweite Klimakonferenzen und schlussendlich auf Gesetze. Hoffentlich geht die Umsetzung weiter in den Firmen dieser Welt.

Was bedeutet die Kenntnis des Synergieeffektes jetzt für uns? Was denkst du darüber?

Für mich heißt es, dass ich nicht wissen kann, welcher Einfluss von woanders oder auch aus anderen Zeiten auf mich zukommt. Ich weiß nur, dass ich ihn nicht ignorieren sollte, denn er wirkt ja sowieso. Im besten Falle nutze ich ihn für mich.

Ich kann ebenso nicht vorher wissen, welche Interaktion von mir dann welchen Einfluss auf andere haben wird, damit meine ich das echte Leben in seiner ganzen Bandbreite. Ich kann es aber ausprobieren, welche Maßnahmen oder Anregungen eine Wirkung haben, und welche eher nicht.

Mit deiner Begleiterin für Innenweltreisen spielst du die Wirkungen eines solchen Schmetterlingseffektes konkret durch. Also ihr sucht gemeinsam nach kleinen Veränderungen der Ausgangsbedingungen, die dann zu großen Auswirkungen führen können.

Marion ist eine eher schüchterne junge Frau. Sie arbeitet als Buchhalterin. Wenn sie von ihrem Vorgesetzten erzählt, wird bald klar, dass er sie häufig kritisiert. Diese Kritik nimmt sie sich sehr zu Herzen und hat bereits massive Schlafstörungen entwickelt.

Ich frage Marion, was sie denn am meisten vermisst in Bezug auf ihren Vorgesetzten. Ich nahm an, dass sie möglicherweise eine bessere Kommunikationsfähigkeit erlernen möchte, oder sich einfach mal Anerkennung von ihm wünscht.

Doch es ist etwas Anderes. Sie wünscht sich, dass ihr Jemand beisteht!

Und genau das ist es, was ihr schon das ganze Leben über fehlt. Sie kann sich gar nicht wirklich vorstellen, dass jemand Partei für sie ergreift.

Als wir erkennen, dass es da keine Person gibt, weder im realen Leben noch in der Innenwelt, die ihr beistehen könnte, greifen wir zu einem Hilfsmittel.

Ich frage sie: »Wenn der Beistand sich mal zeigen darf als Tier oder Wesen oder Gestalt, was kommt dann?« Marion sieht einen großen Hund.

Diesen Hund als Symbolbild für ihren Beistand nimmt sie jetzt gedanklich mit in ihr Büro.

Als der Vorgesetzte sie das nächste Mal kritisiert und ungerecht behandelt, fletscht der Hund die Zähne und knurrt ihn an! Der Vorgesetzte verlässt ängstlich den Raum und lässt sich auch später viel seltener blicken.

Marion erfährt anhand der kleinen Veränderung, dass es tatsächlich Beistand für sie gibt. Das hat für sie eine fundamentale Wirkung. Sie fühlt sich unterstützt und innerlich stärker.

In späteren Synergetik-Sitzungen üben wir, diese Veränderung in ihrem Denken auf andere Bereiche zu übertragen. Marion kann sich inzwischen viel leichter vorstellen, dass ihr auch ein Mensch beisteht, in dem Falle eine Kollegin. Die Kollegin macht dem Vorgesetzten klar, dass das Arbeitspensum für Marion und sie zu hoch angesetzt wurde.

Ein alter Glaubenssatz von Marion wird also durch Beispiele und Erfahrungen umgeändert. Aus: »Niemand steht mir bei und hilft mir!« wird durch das Auftauchen des Hundes und der Kollegin jetzt ersetzt durch den neuen Satz: »Ich habe Beistand und Unterstützung.«

Eine ganz neue Sicht auf das Leben beginnt. Welche Erleichterung!

Kleine Veränderungen mit großer Wirkung

»Das Salz in der Suppe macht die Suppe erst schmackhaft.«

Volksmund

Die Prise Salz ist eine wirklich kleine Veränderung. Fehlt diese Prise, schmeckt die Suppe fad.

Dass so kleine Veränderungen viel bewirken, habe ich bereits im vorigen Abschnitt beschrieben. Doch ich erwähne es hier gleich noch einmal, weil es so essentiell wichtig ist. Es ist wichtig, um verstehen zu können, weshalb die Therapieform der interaktiven Synergetischen Innenweltreisen so schnell wirkt.

Diese kleine Veränderung, nehmen wir das Salz in der Suppe, ist dann »installiert«. D.h. sie kann auch gar nicht mehr rückgängig gemacht werden. Du kannst ja auch nachträglich nicht mehr das Salz aus der Suppe entfernen.

Die Buchhalterin Marion wird die tiefe Erfahrung nicht vergessen, dass ihr Hund ihr beisteht. Sie kann sich sogar vorstellen, dass er in anderen Situationen für sie eintritt. Wenn sie in der Fußgängerzone von Jemandem angerempelt wird, bellt der Hund die rücksichtslose Person an. Sie hat die Erfahrung von Beistand in sich tief verankert. Damit sammelt sie nun weitere Erfahrungen, auch in der Außenwelt. Nach und nach kann Marion ihre Schüchternheit ablegen.

Unsere Sprache bietet ebenfalls Gelegenheit, sich die große Wirkung von kleinen Veränderungen deutlich zu machen.

Wenn du an das Wort WUNDE nur einen einzigen Buchstaben hinzufügst, in diesem Falle das R, steht dort das neue Wort WUNDER. Von der Wunde zum Wunder.

Ist das nicht faszinierend? Durch nur einen weiteren Buchstaben kehrt sich die Bedeutung des Wortes regelrecht ins Gegenteil um.

Man nennt das Kippworte, wenn durch eine kleine Ergänzung die Bedeutung regelrecht gekippt wird.

Übung

Möchtest du so etwas einmal ausprobieren? Nimm dir gerne jetzt ein Blatt Papier und schreibe in Druckbuchstaben groß das Wort OPFER drauf. Wie fühlt sich das an? Ich nehme an, nicht gut. Niemand möchte ein Opfer sein oder sich als Opfer sehen.

Nun nimmst du dir eine andere Farbe und schreibst die Buchstaben SCH vor das Wort OPFER und aus dem O machst du ein Ö. Dann steht da: SCHÖPFER. Trara, eine komplett neue Bedeutung!

Vom Opfer zum Schöpfer! Aus dem Vorhandenen etwas Neues machen oder darauf aufbauen. Nicht alles verwerfen, sondern klug ergänzen. Das sind die Möglichkeiten, die es gibt, und bei denen dir deine erfahrenen Begleiterin für Innenweltreisen WUNDER-bar helfen kann. Doch kreieren tust du es selbst!

»Teure Klamotten und Insta-Reisen machen nicht glücklich. Dein Glück und deine Freude kannst du nur in deinem Inneren kreieren.«

Lena Meyer-Landrut, deutsche Sängerin und Songwriterin

Teil 2:
Beispiele und Fragen

Kapitel 8: Faszinierende Beispiele

Bin ich zu alt für einen neuen Job?

-Arbeitslosigkeit beenden-

Sigrid wird mit 57 Jahren arbeitslos, doch sie will noch nicht in den Vorruhestand gehen. Das rät ihr zwar der gesamte Freundeskreis, und es hat auch eine gewisse Wirkung auf sie! Dadurch fragt sie sich nämlich, ob es tatsächlich aussichtslos sei, sich als Physikerin neu zu bewerben?

Fragt sie jetzt beispielsweise einen Coach oder Sachbearbeiter im Jobcenter, könnte dieser vielleicht antworten: »Natürlich finden Sie einen neuen Job!« Doch das wird Sigrid nicht wirklich beruhigen.

Die dahinter liegenden Ängste und Muster kennt ja nur Sigrid selbst, und diese wollen gehört und gesehen werden. Erst wenn diese Denkweisen überhaupt ins Bewusstsein geholt werden, können sie verstanden und überwunden werden.

Sigrid ist sehr neugierig auf ihre heutige Innenweltreise. Denn sie hat es zuvor schon einige Male erlebt, wie ihre eigenen »maßgeschneiderten« inneren Lösungsbilder sich dann in der Außenwelt leicht umsetzen.

Doch heute sieht sie in der Innenweltreise erst mal nichts, nur eine schwarze Fläche. Sie ist enttäuscht. Ich inspiriere sie, sich einfach mal einzulassen auf das vermeintliche NICHTS (was ja genau das Thema ist – die Angst, dass sie NICHTS Neues findet!), und siehe da – die schwarze Fläche entpuppt sich als ein Theatervorhang, der sich langsam hebt. Auf der Bühne sitzt überraschenderweise Sigrid selbst.

Das ist auch ein sehr spannender Aspekt bei Innenweltreisen. Klienten sind immer wieder überrascht von ihren eigenen inneren Bildern. D.h. diese werden nicht von ihnen »gemacht«, sondern eher beobachtet. Sie sind autonom. Manche fragen sich nämlich, ob ihre »selbst gemachte« Bilder ihnen überhaupt etwas bringen würden, da sie es ja nur selbst konstruieren würden? Dem ist also nicht so, denn innere Bilder spiegeln das Unterbewusstsein wieder, zu dem man auf diese Weise nach und nach besseren Zugang bekommen kann.

Auf der Symbolebene könnte man sagen, Sigrid hat sich selbst wieder auf die Bühne des Lebens gesetzt. Im Zuschauerraum des Theaters sitzen mehrere potentielle Arbeitgeber, die applaudieren und einer ruft ihr sogar zu, sie mache das toll! Diesen Mann spricht sie an, was er genau meint. Er antwortet, dass er es toll findet, dass sie sich mit 57 Jahren vorstellen kann, sogar den Wohnort zu wechseln, um eine neue Stelle zu finden.

Genau das ist die Lösung! Daran hat sie im Wachbewusstsein bisher nicht gedacht, für einen neuen Job in eine andere Gegend umzuziehen.

Sigrid bewirbt sich erst in der Innenwelt und dann in der Außenwelt erfolgreich bei einem Unternehmen in einem 200 km entfernten Ort und zieht dorthin.

Die dahinter liegende, bis dahin unbekannte Angst war also, dass sie am bisherigen Heimatort nichts Neues finden würde. Durch die Erweiterung ihres Horizonts eröffnen sich nun neue Perspektiven und Lösungen, und sie kann in ihrem spezialisierten Beruf sogar eine besser bezahlte Stelle antreten.

»Machen ist wie wollen, nur krasser.«

Postkartenfund

Wirksame Zukunftspläne können wir an sich jederzeit machen. Doch manchmal stehen wir uns mit der Umsetzung selbst im Wege, indem wir das Augenmerk auf die Hinderungsgründe, und nicht auf die Lösungen lenken. Lösungen findest du in dir!

Flucht mit Siebenmeilenstiefeln

-Familientrauma lösen-

Hier werde ich dir ein Beispiel zur Aufarbeitung der Familiengeschichte in der Innenwelt beschreiben.

Vielleicht kennst du Familienaufstellungen, mit denen ich übrigens auch begeistert seit über 21 Jahren arbeite. Sie sind eine wunderbare Ergänzung zu Innenweltreisen, denn bei Aufstellungen geht es um das, was du aus deiner Herkunft und Familientradition an Themen so mitbringst, und wo du ggf. mit den Themen der Ahnen verstrickt bist. Es geht also um das, wo du hinein geboren bist.

Bei Innenweltreisen geht es eher darum, was du darauf für eine Sicht hast, welche Gefühle du dazu hast und was du für dich persönlich daraus machst. Es geht gewissermaßen um das Feintuning, auch von systemischen Themen.

Bei Brigitte vermischt sich das alles in ihrer Synergetischen Innenweltreise. Sie weint bitterlich, als sie sich an das schöne Haus in Schlesien erinnert, in dem sie ihre ersten Kindheitsjahre verbrachte.

Die Stuckdecke in ihrem Kinderzimmer, die Flügeltür zum Esszimmer, alles taucht im Detail wieder auf. Dann gibt es einen Sprung zu einem dramatischen Bild: die Mutter am Ende des Zweiten Weltkrieges mit zwei kleinen Kindern und einem Holzkarren auf der Flucht!

Nur das Nötigste kann die Familie mitnehmen, es geht ums nackte Überleben. Brigitte wiederholt die Worte, die ihre Mutter bis zu deren Tod fast täglich wehmütig sagte: »In Schlesien haben wir alles verloren!«

Brigitte fühlt die Ohnmacht der Mutter, und auch ihre eigene. Sie hat dieses Gefühl nie wirklich zugelassen, und eher durch Fleiß und Aktionismus versucht zu ersetzen. Heute droht ihr dadurch akute Burnout-Gefahr. Denn vor einem so prägenden Gefühl der Ohnmacht ein Leben lang wegzurennen, ist erschöpfend.

Ich bitte sie, die Ohnmacht einmal als Gestalt auftauchen zu lassen, als ein Wesen oder ein Tier oder auch als ein Symbol. Es ist ein verwahrloster Hund, der hungrig umher streift. Erst beim zweiten Hinsehen bemerkt sie, dass es ihr früherer Hund ist, der bei der Flucht leider an Unterernährung und Entkräftung starb.

Das ganze Trauma aus ihrer Kindheit offenbart sich hier. Auch als Begleiterin spüre ich deutlich den riesigen Schmerz und Kummer um den dreifachen Verlust von Heimat, Zuhause und ihrem Hund.

Ich frage Brigitte, ob sie sich vorstellen kann, dass von irgendwoher Hilfe kommen könne. »Ja!« sagt sie ganz entschlossen. »Da kommt ein Riese mit Siebenmeilenstiefeln, der packt alles ein und trägt die Möbel vor uns her. Er ist natürlich viel schneller als wir und hat im neuen Zuhause schon alles vorbereitet.«

Die Lösung aus dem Unterbewusstsein ist so rührend einfach und in sich schlüssig, dass Brigitte (und auch mir) die Tränen kommen, dieses Mal vor Ergriffenheit.

Dann entdeckt Brigitte noch, dass im neuen Zuhause auch der Hund wieder dabei ist, sogar gesund und munter. Klar, er wurde ja auch vom Riesen getragen und hat dadurch überlebt. Das ist die schlüssige Logik des Unterbewusstseins!

Auf der Symbolebene heißt das allerdings für Brigitte noch viel mehr, als dass »nur« ihr Hund jetzt wieder bei ihr ist. Es heißt auch, dass die Symbolgestalt für die Ohnmacht (denn das ist ja der Hund) sich verwandelt hat. Die Ohnmacht ist nicht mehr ohnmächtig, sondern transformiert sich zu etwas Anderem. Ich fragte Brigitte, für was der Hund jetzt symbolisch steht. Sie sagte, er symbolisiert jetzt Stärke – übrigens genau wie der Riese natürlich auch für Stärke steht.

Wir wenden uns dann noch der inneren Mutter zu, ob sie aufgrund der aktuellen Geschehnisse weiter bei ihrem Statement bleibt: »In Schlesien haben wir alles verloren !«

Die Mutter antwortet: »Das wichtigste ist, dass wir uns alle wieder haben.« Der Vater kommt auch noch hinzu, nachdem er aus der Kriegsgefangenschaft entlassen wurde. Die Familie ist glücklich.

Wir schauen jetzt noch, wie jetzt Brigittes Kindheit weiter verläuft: mit dem Vater, dem Riesen und dem starken Hund an ihrer Seite, sowie den Möbeln aus der alten Heimat. »So lässt sich´s leben!« sagt sie, und atmet erleichtert auf.

Natürlich weiß Brigitte nach der Innenweltreise die Fakten aus der Kindheit weiterhin.

Doch daneben steht eine Variante, die sie selbst kreiert hat, und die sich selbstverständlich viel besser anfühlt. Das nimmt der »Ursprungs-Variante« viel von ihrem Drama.

Später beschreibt mir Brigitte auch noch, dass sie insgesamt weniger Probleme mit Ohnmachtsgefühlen hat, sowohl bei sich selbst, als auch in ihrem Umfeld. Ohnmacht hat sie bis dahin immer ziemlich verurteilt und als eines der sinnlosesten Gefühle überhaupt bezeichnet. Und jetzt kann sie sich und anderen dieses Gefühl eben auch mal erlauben. Dadurch kommt sie nebenbei bemerkt heraus aus dem Hamsterrad, immer etwas tun zu müssen.

Jede Nacht gehe ich im Traum fremd

-Traumbilder dauerhaft verändern-

Silke ist eine Frau um die 40, die seit einigen Jahren glücklich verheiratet ist. Sie sagt, ihr Mann Peter wäre ihr Seelenverwandter.

Umso mehr plagt sie ein Problem, worüber sie mit ihrem Mann nicht einmal sprechen kann. Sie träumt sehr häufig ein und denselben Traum. Darin hat sie Sex mit ihrer ersten Liebe Torsten. Ihre Träume sind so plastisch, dass sie es jedes Mal so empfindet, als ob sie ihren Mann tatsächlich betrügt. Ja, es kommt ihr sogar vor, als ob sie die Liebe zu ihrem Ehemann damit irgendwie verrät. Sie findet, dass ihr eigenes Unterbewusstsein ihr einen üblen Streich spielt! Es sind wiederholende Träume, die sie sehr belasten.

In der Synergetischen Innenweltreise kann sie gezielt Kontakt zu ihrem ersten Freund Torsten aufnehmen. Sie sagt ihm unverblümt, dass sie ihre gemeinsame Sexualität damals zwar genossen hat, jetzt aber keinen Sinn darin sieht, das »ewig und drei Tage« in ihrer Vorstellung weiter zu führen. Sie liebt ihren Mann Peter, und möchte nicht jede Nacht von ihrem früheren Freund träumen, das fühlt sich an wie Fremdgehen!

Sie bittet daher Torsten in ihrer Innenwelt, zu gehen. Da lacht er nur und meint, so werde sie ihn nicht los.

Außerdem sagt er augenzwinkernd zu Silke: »Du sagst ja immer noch das Gegenteil von dem, was du meinst.«

»Wieso?«, fragt Silke ahnungslos. Da macht Torsten ihr in der Innenwelt spontan einen Heiratsantrag und sagt: »Das ist es doch eigentlich, was du möchtest.«

Silke nimmt überraschenderweise den Antrag sofort an und heiratet in ihrer Vorstellung Torsten. Das ist es offensichtlich, was ihr zum Vervollständigen ihrer Geschichte mit Torsten fehlte.

Vom Kopf her fragt sie sich zwar gleich, ob jetzt der Betrug Peter gegenüber nicht noch größer ist? Doch vom Körpergefühl her und von der inneren Ruhe, die sie nun fühlt, ist es alles stimmig so.

Ich bitte sie, noch während der Innenweltreise, genau das Peter in ihrem Inneren zu sagen: dass sie Torsten geheiratet hat. Das ist wichtig, um eine Vernetzung der Situationen herzustellen und um herauszufinden, wie der innere Peter reagiert. Er meint: »Das war ja vor unserer Zeit. Ich nehme dich auch sehr gern zur Frau, wenn du schon einmal verheiratet warst. Du bist meine Seelenverwandte. Schön, dass du mir jetzt endlich alles erzählen kannst.«

Peter ist also weiterhin in der Gegenwart ihr geliebter Ehemann, und geht gelassen mit Silkes Vergangenheit um.

Mit Torsten hat Silke jetzt endlich in ihrer Vorstellung etwas nachgeholt, was sie sich zuvor nicht als Wunsch eingestehen konnte.

Wir sind nun beide gespannt, wie sich diese Entwicklung auf Silkes nächtliche Träume auswirken würde. Und tatsächlich träumt sie danach nie mehr von Sex mit Torsten, was sie dann auch fast ein bisschen schade findet.

Ich will andere Eltern!

-Kindheitsprägungen bearbeiten-

In der klassischen Psychoanalyse verbringt man üblicherweise viel Zeit mit dem Thema Eltern.

Eltern sind dort gern an vielem schuld, haben »alles« falsch gemacht und das Schlimmste daran ist: man kann sie sich ja nicht aussuchen!

Der Psychoanalytiker gräbt tief, woher dieses und jenes Gefühl kommen könnte, wie die lateinische Bezeichnung für ein spezielles Verhaltensmuster heißt und vor allem: er wird die Patienten ausführlich reden und reflektieren lassen.

Daher dauert eine Analyse auch lange. Die Krankenkassen bezahlen diese in der Regel über einen Zeitraum von mehreren Jahren für eine oder mehrere Therapiesitzungen pro Woche (ein Termin dauert dabei meist 50 Minuten). Das ist also ein aufwendiges Verfahren.

Bei der Methode der interaktiven Synergetischen Innenweltreisen kommt niemand über den Zeitraum von einigen Jahren wöchentlich zum Therapeuten. Da wir an Ort und Stelle das Unterbewusstsein einbeziehen und das hier gespeicherte wichtige Material mit dem Bewusstsein vernetzen, ergeben sich ungewöhnliche und schnellere Lösungen. Außerdem sind diese Lösungen haltbar – oder wie sagt man so schön: nachhaltig – denn sie sind ebenfalls gleich fest im Unterbewusstsein verankert.

Die Begleiterin für Synergetische Innenweltreisen hat dabei die Aufgabe, diese ungewöhnlichen und individuellen Lösungen zu »erlauben«, zu fördern und mit ihnen mitzugehen. Mit ihrem eigenen Lösungsverständnis oder Weltbild kommen wir hier nicht weiter. Jeder Klient hat seine eigenen Erfahrungen und daher auch seine Lösungsideen.

Joachim erinnert sich ungern an seine Kindheit. Er fühlt sich chronisch unverstanden, so als ob er in eine falsche Familie hinein geboren wurde.

Ich bitte ihn, das mal in ein Bild umzusetzen. Zuerst erscheint (von allein) ein Symbolbild: er sitzt in einem Vogelnest und um ihn herum mehrere junge Vögel, die aber schon ganz gut gewachsen sind. Er ist der Kleinste und wird auch nicht so oft gefüttert wie die anderen. Dann stellt er noch fest, dass die anderen Vögel tatsächlich einer anderen Gattung angehören und eine andere Farbe haben. Oh Schreck, das ist überdeutlich für ihn! Er fühlt sich nicht nur fremd, er ist auch tatsächlich anders! Oder genauer formuliert: die Anderen sind alle anders.

Ich frage Joachim, ob er dieses Bild einmal seinen echten Eltern zeigen könne. Diese schauen es sich mit verächtlichem Gesichtsausdruck an und sagen, dass der kleine Vogel der anderen Sorte (also er) zwar klein, aber wohl doch groß genug sei! Sie haben also keinerlei Problembewusstsein.

Joachim reicht es jetzt.

Er fühlt sich komplett allein gelassen und sehr unverstanden. Er sagt, er will andere Eltern! Wir erforschen gemeinsam, wie das dann aussieht.

Seine Seele sehnt sich nach genau dieser Lösung, und das schon sehr lange. Jetzt wird es endlich konkret durchgespielt und er verbietet es sich nicht immer wieder selbst, das auch nur ansatzweise zu denken.

Das hat ihm nämlich sein Therapeut in der vorhergehenden Psychoanalyse immer wieder geraten: sich keine anderen Eltern zu wünschen, sondern er hat eben genau diese Eltern. Doch das ist Joachim jetzt egal, und zum Glück können wir das in der Innenweltreise jetzt anders angehen.

Darin sieht er sich wieder als Kind von elf Jahren. In seiner Vorstellung fährt er jetzt als blinder Passagier mit dem Zug von Berlin nach Warnemünde. Dort angekommen trägt er ein Schild um den Hals: »Suche neue Eltern.«

Wie bestellt steht dort ein Ehepaar mittleren Alters. Die gutmütig aussehende Frau spricht ihn an und meint, sie können ihn doch erst mal mitnehmen, und dann sieht man weiter.

Joachim erzählt den beiden, wie es ihm bisher ergangen ist und dass er viel zu wenig Beachtung oder Liebe bekam. Er kann bei ihnen bleiben. Das freut ihn sehr, er stellt dazu allerdings noch eine Bedingung: dass die echten Eltern nichts erfahren. Wie sich im weiteren Verlauf heraus stellt, suchen diese nicht mal nach ihm!

Er nennt das Ehepaar aus Warnemünde nicht seine Eltern, sondern findet ein ganz neues Wort für sie: Mapa, also Mama und Papa in einem Wort.

Mit seinen beiden Mapa ist er sehr zufrieden. Auch sie sind glücklich und sprechen davon, dass sie an dem besagten Tag des Kennenlernens wie durch eine Vorahnung zum Bahnhof gegangen seien, um einfach mal zu gucken. Als sie Joachim mit seinem Pappschild dann gesehen haben, zögerten sie keinen Augenblick, für ihn da zu sein.

Wir gehen noch einmal zum Symbolbild zurück, also dem Nest mit den verschiedenen Vogelkindern darin. Joachim sieht, dass er selbst (der kleinste Vogel) gerade fliegen gelernt hat, und das Nest verlässt.

Ich bitte ihn, dieses Bild nicht nur von außen zu betrachten, sondern sich einmal in das Vögelchen hineinzuversetzen und quasi aus dessen Augen zu schauen. Das klappt sehr gut, und er ruft begeistert aus: »Ich fliiiiege!!

Fliegen suggeriert ja bekanntermaßen Freiheit und Leichtigkeit und dass wir aus dem einengenden Alltag heraus kommen können. Für Joachim fließt hier alles zusammen und er hat im wahrsten Sinne des Wortes wieder »Wind unter die Flügel« bekommen.

Für die heutige Sitzung ist es genau das, was Joachim braucht: ein neues und leichteres Bild zu seiner Kindheit.

In späteren Terminen widmet er sich noch den echten Eltern in seiner Innenwelt. Die Kraft dazu bekam er, indem er sich zuerst gestattete, größer und freier zu denken.

Trau auch du dich, »out of the box« zu denken. Eltern sind unsere erste und damit eine sehr, sehr tiefe Prägung. Doch auch hier, oder gerade hier, kannst du vieles heilen und umdenken, wenn es erforderlich ist.

Mein Körper als Burg

-Begünstigung von Selbstheilung durch Erkennen und Aufarbeiten der Krankheitshintergründe-

Regina hat Lymphdrüsenkrebs. Sie ist über 70 und hat eine lange Krankengeschichte hinter sich.

Nach vielen Arztbesuchen und Klinikaufenthalten will sie sich mit ihrem Schicksal nicht abfinden. Sie wünscht sich, an die Ursachen ihrer Krankheit zu kommen, und auf diesem Wege besser zu verstehen, weshalb sie Krebs bekam.

Dann nimmt sie sich vor, mit der Krankheit abzurechnen, so nennt sie es, und vielleicht sogar die Gnade der Selbstheilung zu erfahren – ebenfalls Originalton von Regina.

»Dem Krebs werde ich es schon zeigen!« – mit dieser Kampfeshaltung steigt sie ein in ihre Innenwelt.

Dort findet sie sich in einer mittelalterlichen Burg wieder. Sie selbst wohnt allerdings im Keller, und ihre Familienmitglieder, also ihre Eltern und Geschwister, bewohnen die oberen Stockwerke. Sie hat dort unten kein Tageslicht und vegetiert irgendwie dahin.

Wir verstehen anhand dieses ersten Bildes noch nicht, was das mit ihrer Erkrankung zu tun haben könnte. Daher ermutige ich Regina, die Burg als solches einmal anzusprechen. Einem Erwachsenen mag es vielleicht merkwürdig vorkommen, mit nicht lebenden Gegenständen zu sprechen, in dem Falle also mit einer Burg. Doch als Kinder haben wir das alle getan. Du meinst, du kannst dich nicht daran erinnern? Und was war mit deinem Teddy und deiner Puppe? Dazu haben wir sogar eine kleine Übung zusammen gemacht im Kapitel 1: »Innere Bilder als Erinnerungen«.

Ich nehme einmal an, du hast als Kind selbstverständlich mit deiner Puppe oder deinem Teddy geredet. Und sie haben dir natürlich geantwortet.

Genauso funktioniert es in der Innenwelt, wenn wir uns auf dieses Experiment einmal einlassen. Also, Regina fragt die Burg laut, wofür sie denn symbolisch stehe. Die ganz klare und prompte Antwort lautet: für deinen Körper.

Regina staunt, damit hat sie nicht gerechnet. Sie fragt nach: »Also, mein lieber Körper, dann meinst du also, ich bewohne dich gar nicht mehr richtig, sondern lasse sozusagen andere in meinem Körper wohnen und diesen beherrschen?«

Die Burg (also der Körper) antwortet: »Ja, lauter Schmarotzer, die dich Kraft kosten.«

Schlagartig versteht Regina, was sie in einer früheren Psychotherapie einmal vom Psychologen gehört hatte, nämlich dass Lymphkrebs für ein sogenanntes vergiftetes Familiensystem stehen würde. Im Gespräch mit dem damaligen Therapeuten konnte sie damit noch nicht allzu viel anfangen.

Doch jetzt gibt es kein Halten mehr. Sie stürmt die oberen Stockwerke ihrer Burg und vertreibt die ungebetenen Gäste. Zusätzlich zu ihren Geschwistern und Eltern findet sie jetzt noch weitere Ahnen vor, die alle hämisch reagieren und sich nicht vertreiben lassen wollen.

Es entsteht ein Gemetzel, ein regelrechtes Blutbad, und Regina erobert sich Raum für Raum ihrer Burg zurück. Wichtig dabei zu verstehen ist, dass Regina natürlich keine Mordgelüste den Geschwistern gegenüber hat, sondern sich der Belagerung in ihrem eigenen Raum (sprich in ihrer eigenen Burg bzw. in ihrem eigenen Körper) erwehrt. Und dass sie nicht mit den echten Geschwistern kämpft, sondern mit ihrem Bild ihrer Geschwister.

Die sogenannte Selbstähnlichkeit ist dabei verblüffend. Unser Lymphsystem ist ja quasi ein komplexes Gefäßsystem im Körper, das für Gewebereinigung durch Ausschwemmung zuständig ist. Der gereinigte Lymphstrom wird zum Herzen zurück transportiert.

Wen es genauer interessiert, hier ist die Quellenangabe: Ruediger Dahlke »Krankheit als Symbol« S. 97 und 98. Dahlke ist Humanmediziner.

Regina hat ihre Herzensangelegenheiten jahrzehntelang hintenan gestellt. Sie versuchte immer, ihre Geschwister, Eltern und Großeltern zufrieden zu stellen und merkte viel zu spät, dass ihr das weder gut tat, noch irgendwie bemerkt oder gedankt wurde.

Sogar deren Häme und Respektlosigkeit nahm sie in Kauf, nur um dazuzugehören. Die Familie hatte sich regelrecht in ihr eingenistet: in ihren Gedanken sowieso und offensichtlich auch im Körper über das Krankheitsbild.

Nachdem Regina ihre Burg gereinigt hat (was ja genau die Aufgabe der Lymphe ist, dieses Reinigen), stellt sie sich eine unangenehme Frage: »Ist denn die Burg jetzt nicht viel zu groß für mich alleine?«

Schmunzelnd stelle ich eine Gegenfrage: »Ist denn dein Körper viel zu groß für dich alleine?« Sie muss schallend lachen, denn so hat sie es noch nicht gesehen.

Das ist wieder ein Beispiel, wie eine Prise Humor uns auch in einer verfahrenen Situation helfen kann.

Mit einem viel größeren Selbstwertgefühl als vor der Innenweltreise geht Regina nach Hause. Sie beschreibt mir später, dass einige körperliche Symptome sich rasch zurück bildeten, z.B. ihre papieren wirkende Haut verbesserte sich (eine Nebenwirkung der Chemotherapie), sowie die Müdigkeit und Abgeschlagenheit verschwanden mehr und mehr.

Regina erlernte also über den Umweg ihrer Krankheit, sich besser abzugrenzen.

Ich empfehle bei der Bearbeitung von Krankheitshintergründen immer mehrere Synergetische Innenweltreisen, denn Krankheitsgeschehen sind komplex und niemals nur auf eine Ursache linear zurückzuführen.

Der Körper ist als Hinweisgeber für ursächliche Themen sehr hilfreich, und auch der sogenannte Volksmund weiß darüber einiges!

Das habe ich weiter vorn an einem einfacheren Beispiel beschrieben. Denn eine Krebserkrankung ist verständlicherweise hochemotional.

Du erinnerst dich an Kapitel 3, den Abschnitt: »Als Anleitung zur Selbstheilung.« Dort habe ich den Zusammenhang erklärt zwischen Krankheitsursachen und Krankheitsauslösern am Beispiel einer Erkältung. Dort waren einmal der chronische berufliche Stress sowie der ungelöste aktuelle Konflikt mit dem Chef die Auslöser gewesen. Hinzu kamen noch die Viren oder Bakterien als weitere Faktoren. Das alles kommt zusammen, ehe sich eine Krankheit manifestiert.

Manche Menschen verstehen es ansonsten vielleicht falsch, in dem Sinne: »Wie, jetzt soll ich auch noch schuld sein an meiner Krankheit?!?« Schuld ist man natürlich nicht, doch auch nicht unbeteiligt, wie manche es sich so vorstellen. Und es kommen immer mehrere Faktoren zusammen, die einen erst dann krank werden lassen.

Bei einer Grippewelle müssten ja sonst ausnahmslos alle Menschen betroffen sein. Es werden aber meist diejenigen Menschen krank, die zusätzlich noch Belastungen haben, die sie momentan nicht lösen können. Die Krankheit zwingt sie dann, aus dem gegenwärtigen Zustand erst mal heraus zu kommen, was ja an sich nicht verkehrt ist.

Wenn wir jetzt diese Belastungen versuchen zu verstehen oder zu lösen, ist schon Vieles getan auf dem Weg, dass der Körper sich wieder selbst regenerieren kann.

Alleine schaffen wir das meist nicht, diese Hintergründe und Zusammenhänge zu erkennen, denn eine Krankheit bringt einen oft an die eigenen Grenzen oder an sogenannte blinde Flecken. Dazu holen wir uns dann lieber Hilfe, und die eigenen inneren Bilder weisen uns ganz konkret den richtigen Weg zur Aufarbeitung.

Ich glaube jetzt an etwas

-Mit sich und der Welt im Reinen sein-

*»Glaube und Angst verlangen beide,
dass du an etwas glaubst,
das du nicht sehen kannst. Du wählst!«*

Bob Proctor, kanadischer Autor und Dozent

Nicht immer haben wir Gelegenheit, uns ausführlich genug mit den essentiellen Themen des Lebens zu beschäftigen. Zu viele Alltagsdinge halten uns immer wieder davon ab. Es kann auch sein, dass wir aus unserer Herkunft oder aus unserem Umfeld heraus bisher nicht die Notwendigkeit dazu sehen.

Und doch gibt es da oft einen leisen Ruf, der immer lauter werden kann: Wozu bin ich auf der Welt? Was ist der Sinn meines Lebens? Habe ich bisher nach meinen Werten gelebt? Lebe ich tatsächlich mein eigenes Leben? Woran glaube ich?

Bettina stellt sich solchen Fragen angesichts einer Krebserkrankung. So eine Diagnose kann einen Schock auslösen! Nun sind wir regelrecht aufgefordert, uns mit der eigenen Endlichkeit und mit unserem Lebenswerk zu befassen.

Bei Bettina steht das Berufliche immer wieder stark im Fokus. Sie arbeitet sehr erfolgreich als Richterin und hat vor, damit weiterhin viel Gutes zu bewirken.

Ihre Erkrankung spricht leider eine andere Sprache. Bettina kommt zu mir, als sie im schulmedizinischen Sinne schon alle passenden Behandlungen durchlaufen hat. Ihr Körper wird immer schwächer, so dass wir die psychotherapeutischen Sitzungen bei ihr Zuhause an ihrem Bett durchführen. Die Innenweltreisen werden ja sowieso im Liegen durchgeführt.

Bei der letzten gemeinsamen Synergetik-Sitzung sagt Bettina: »Ich möchte an etwas glauben können.« Sie wuchs atheistisch auf, und bis dahin hat ihr in dieser Hinsicht nichts gefehlt. Jetzt ist sie aber in ihrem eigenen Beschluss gefestigt, dass sie gern getauft werden möchte. Bettina visualisiert innerhalb der Innenweltreise ihre Taufe. Diese erlebt sie als erwachsene Frau in der Gegenwart, also ganz konkret jetzt.

Im »Handwerkskasten« einer Synergetik-Therapeutin befinden sich auch zahlreiche Geräusche, Klänge und Musikstücke, die je nach Bedarf eingespielt werden können. So wird das innere Erleben unterstützt, dass es quasi »in Echt« und mit mehreren Sinneswahrnehmungen geschieht, was die Klientin gerade mit dem inneren Auge sieht.

Von Glockenläuten begleitet betritt Bettina in ihrer Vorstellung die Kirche. Sie erhält die Taufe und es erklingt das Ave-Maria, ein sehr feierlicher Moment. Sie beschreibt ihren Gefühlszustand nach der Taufe so:

sie fühlt sich jetzt innerlich nicht mehr allein mit ihren Sorgen, sondern getragen von etwas, das größer ist als sie selbst. Sie sagt, sie ist voller Vertrauen in das, was jetzt kommen werde.

Ihr Mann ruft mich 14 Tage später an und sagt folgende bewegenden Worte zu mir: »Der Herr hat Bettina gestern zu sich gerufen. Einen Tag vor ihrem Tod wurde sie, ebenfalls Zuhause in ihrem Bett und bei klarem Bewusstsein, von einem Pfarrer tatsächlich getauft. Sie war mit sich und der Welt im Reinen.«

Ich erfahre, dass es Bettina sehr geholfen hat, ihre Lebenssituation mit Hilfe der Innenweltreisen aufzuarbeiten. Durch die Taufe konnte sie ihren Frieden mit dem Schicksal schließen, und der große Abschied konnte für sie so etwas leichter werden.

Das zerbombte Berlin

-Die Motive eigener Kreativität tiefer verstehen-

Alice lebt schon lange in Berlin, obwohl sie ursprünglich aus Österreich kommt und Berlin eigentlich gar nicht so richtig mag. Sie arbeitet als Fotografin.

Sie kommt zu mir mit einem beruflichen Thema, und fragt sich, wieso sie sich ausschließlich auf Schwarz-Weiß-Fotografie spezialisiert hat. Irgendwie ist sie auch nicht zufrieden mit ihrem Leben.

In der Innenweltreise rutscht sie ziemlich schnell *von allein* in Bilder aus dem zerbombten Berlin von 1945. Sie vermutet, dass das eventuell sogar Bilder aus einem möglichen früheren Leben von ihr sein können, denn sie ist Jahrgang 1950. Wie sie zu der Vermutung kommt, klärt sich gleich.

In ihrer Vorstellung irrt sie zwischen Ruinen umher und sucht verzweifelt nach Familienmitgliedern. So traumatisch diese Erinnerung für sie auch ist, staunt Alice doch sehr darüber. Die Bilder aus dem zerstörten Berlin sieht sie nämlich alle in schwarz-weiß, obwohl sie sonst auch farbige Innenweltbilder kennt, z.B. in nächtlichen Träumen.

Übung

Denke doch bitte jetzt einmal an die »berühmte« lila Milka-Kuh. Erscheint sie bei dir in schwarz-weiß, oder tatsächlich in lila?

Ich kann mir vorstellen, dass es eher lila geworden ist – oder wie ist es bei dir?

Es gibt also sehr wohl einen Unterschied zwischen farbigen Innenweltbildern, oder schwarz-weißen Bildern.

Die schwarz-weißen Bilder von Alice stehen symbolisch für eine gewisse Trostlosigkeit oder Verfremdung. Schlagartig wird ihr klar, dass ihre Künstlerseele offensichtlich im Trauma dieses möglichen früheren Lebens in Berlin »hängen geblieben« ist. Sie sucht dort noch immer nach etwas und möchte damit etwas in sich selbst erlösen. Sie kommt dann darauf, dass sie in ihrer früheren Inkarnation wohl auch noch am Ende des zweiten Weltkriegs gestorben sein muss. Also sehr schicksalshafte seelische Erinnerungen.

Sie erkennt, dass sie jetzt anscheinend »schon wieder« in dem von ihr nicht besonders geliebten Berlin lebt, und auch warum sie diese Stadt nicht mag.

Nach dieser Innenweltreise wendet sie sich in ihrem künstlerischen Schaffen farbenfroheren Motiven zu. Später bekomme ich eine E-Mail von ihr, dass sie wieder nach Österreich gezogen ist, und es ihr dort insgesamt besser geht.

Du hast es wahrscheinlich gemerkt, ich habe gerade von *möglichen* früheren Leben gesprochen. Zu dieser Formulierung möchte ich dir hier gerne einen wichtigen Hinweis geben.

Ich sehe da einen großen Unterschied, ob man gezielt in ein früheres Leben reisen möchte – das nennt man dann Reinkarnationstherapie oder Rückführungssitzung. Falls man *alle* Erklärungen für Probleme in früheren Leben sucht, empfinde ich das auch zu einseitig oder zu sehr vorgegeben. So etwas habe ich von Klienten gehört, deren bisherigen Aufarbeitung ausschließlich auf Reinkarnationssitzungen beruhte. Das kann einen zusätzlich noch verwirren.

Wenn aber eine Reinkarnationserinnerung ganz von allein auftaucht, wie in einer Synergetischen Innenweltreise von Alice, vertraue ich dem sehr viel mehr. Denn hierbei steht dann keine Absicht dahinter, und auch kein Weltbild, ebenso keine Wertung. Es ist einfach eine Geschichte, die sich von selbst erinnert hat.

Ob es schließlich frühere Leben gab oder nicht, darüber darf sich Jeder selbst eine Meinung bilden.

»Früher glaubte ich an Reinkarnation.
Aber das war in einem früheren Leben.«

Postkartenfund

Bei *klassischen* Reinkarnationssitzungen habe ich es einige Male gehört, dass so eine Rückführungssitzung nicht unbedingt weiterhilft, sondern sogar neue drängende Fragen aufwerfen kann. Der Klassiker bei Frauen ist: »Ich habe herausgefunden, dass ich früher eine Hexe war und auf dem Scheiterhaufen verbrannt wurde. Was fange ich jetzt mit dieser Information an?«

Das kann dazu führen, dass frau den heutigen Eigenschaften einer »modernen Hexe« selbst nicht traut. Denn wenn Weisheit und Kräuterkunde das eigene Leben kosten können, wie es damals als Hexe gewesen sein könnte, ist es vielleicht auch heute noch gefährlich? Das wäre dann eine Vermeidungshaltung.

In einer synergetischen Rückführung, d.h. bei *von allein* auftauchenden Erinnerungen aus früheren Leben, gehen wir anders damit um. Auch die Ressourcen aus einem möglichen früheren Leben werden herausgearbeitet und ins heutige Leben mitgenommen, so dass wir seelisch weiter darauf aufbauen können. Mit Ressourcen meine ich dabei Fähigkeiten und Eigenschaften, auf die wir heute zurück greifen können, und durch die wir besser klar kommen im Leben. Als Beispiele: Gelassenheit, gute soziale Kontakte oder Talente und Gaben.

Es besteht sogar die Möglichkeit, Erinnerungen und somit Programmierungen aus möglichen früheren Leben aktiv zu verändern. Denn dem Gehirn ist es egal, wie alt eine Erinnerung ist. Sobald sie da ist, ist sie eben da und kann bearbeitet werden.

Das könnte dann ganz praktisch so aussehen, dass man die Hexe aus einem früheren Leben mal ins heutige Leben einlädt und ihr einerseits zeigt, wie frau jetzt so lebt. Anderseits kann frau mit der Hexe reden und sie fragen, was sie von ihr beispielsweise noch von ihr übernehmen kann, an Erkenntnissen oder Fähigkeiten.

Dann wird aus dem früher Erlebten etwas Neues, Aktuelles und Vernetztes, mit dem frau viel mehr anfangen kann, als mit der reinen Information: »Ich war wohl mal eine Hexe.«

Die Ofentür

-Trauma auflösen und in Kunst verarbeiten-

Das erste innere Bild von Martina ist sehr ungewöhnlich. Es zeigt nämlich einfach nur eine Ofentür. Ich frage sie, ob sie diesen Ofen kennt. Sie meint, dafür ist der Bildausschnitt nicht geeignet, sie kann nichts weiter sehen. Ihr ist kalt.

Also vermuten wir, dass der Ofen nicht genug Wärme spendet. Sie tastet vorsichtig nach dem Ofen und bestätigt: der Ofen ist kalt.

Es erscheint eine vermummte Gestalt, die genauso viele Fragen aufwirft, wie der kalte Ofen. Die Gestalt redet auch nicht mit Martina, sondern wabert wie ein dunkles Gespenst hin und her.

Martina fühlt dazu nichts, keine Bedrohung oder Angst – einfach nichts. Sie kann sich in dem Moment nicht selbst spüren.

Ich frage sie, ob sie einen Impuls hat, etwas zu tun. Ja, sagt sie, sie will Feuer machen. Doch es gelingt ihr nicht. Immer wieder erlöschen die wenigen Funken und es bleibt kalt und trostlos. Langsam fragen wir uns beide, worauf das wohl hinaus läuft?

Ich frage sie, ob es eine vergleichbare Situation in ihrem Leben gab, wo sie sich ähnlich gefühlt hat.

Sie meint, das ziehe sich durch ihr Leben, dass sie nicht weiß, wie sie in eine unbehagliche Situation gekommen ist und dass sie es auch nicht selbst schafft, es sich dann angenehmer zu machen.

Also erkundige ich mich, ob ihr Unterbewusstsein bereit wäre, heute mal zu zeigen, an welcher Stelle ihres Lebens dieses Verhalten begann.

Sie sagt, es ist bereit. Interessanterweise nimmt ihr Unterbewusstsein »höchstpersönlich« dazu eine Gestalt ein: ein alter weiser Mann mit grauem Bart und einer Laterne. Er sagt, er kann ihr den Weg in die frühe Kindheit zeigen und Martina brauche ihm nur zu folgen. Wie praktisch, dass er im wahrsten Sinne des Wortes Licht ins Dunkel bringen kann.

Mit seiner Laterne leuchtet er das Zimmer mit dem kalten Ofen aus und da sitzen Martina und ihr Zwillingsbruder als Dreijährige.

Sie rufen nach der Mutter, doch niemand ist da! Martina weiß vom Kopf her, dass ihre Mutter sie einmal für mehrere Tage verlassen hatte. Damals hatte ihre Mutter einen neuen Liebhaber und war davon ausgegangen, dass ihr Ex-Mann sich während der Abwesenheit für ein verlängertes Wochenende um die Zwillinge kümmern würde und ins Haus käme. Aus irgendwelchen Gründen hat das nicht geklappt und es gab auch keine rechtzeitige Rückkopplung zur Mutter, so dass die beiden kleinen Kinder für einige Tage tatsächlich sich selbst überlassen waren! Was für ein Schock, was für ein Trauma!

Jetzt sieht und fühlt Martina zum ersten Mal die Misere, denn dahin zu fühlen hat sie sich bis jetzt niemals allein getraut. Doch nun ist ja der alte weise Mann mit der Laterne bei ihr.

Es schüttelt sie regelrecht, als sie aus heutiger Sicht die riesige Verantwortung für sich und ihren Bruder spürt. Sie sieht sich als kleines Mädchen schreien, doch niemand hört sie! Dann erscheint wieder die vermummte gespenstische Gestalt, die das Ganze noch unheimlicher macht.

Martina ruft den alten weisen Mann – also ihr personifiziertes Unterbewusstsein – zur Hilfe. Dieser hat vor, der Gestalt die gespenstischen Umhänge zu entreißen, um zu sehen, wer sich darunter verbirgt. Klar, er würde sich das trauen.

Doch das ist Martina nicht alles gleich heute in einer ersten Innenweltreise möglich. Sie braucht erst einmal etwas Zeit, um Mut dafür zu sammeln. Sie sagt das dem Mann mit der Laterne, und das Thema wird ordentlich vertagt.

Dabei hilft einem die Synergetik-Therapeutin, es so zu gut vertagen, dass einen das bislang noch ungelöste Thema nicht zwischenzeitlich plagt. Ich finde es sehr wichtig, dass man Themen vertagen kann, wenn man dazu im Moment noch nicht bereit ist.

Martina sagt der vermummten Gestalt direkt, dass sie sich erst später mit ihr beschäftigen möchte und genauer herausfinden will, wer sie ist.

Martina legt fest, dass sie ihrerseits auf das Gespenst wieder darauf zukommen wird, und nicht umgekehrt (so dass sie beispielsweise ab jetzt nicht über das Gespenst nachgrübeln möchte, und es ihr auch nicht in nächtlichen Träumen zu begegnen hat). Das Gespenst soll zu erkennen geben, dass es den Beschluss verstanden hat und sich danach richten wird – es nickt. Ein erster Kontakt ist also gemacht, und Martina behält die Kontrolle über das weitere Geschehen.

Beim nächsten Termin werden die Umhänge des Gespenstes Schicht für Schicht entfernt. Darunter steckt überraschenderweise die Mutter!

Wir fragen die inneren Bilder, was das bedeutet. Wir finden heraus, dass sich die Zwillinge natürlich die Mutter herbei gewünscht hatten, und diese allerdings nur in Gestalt des Gespenstes da war. Die ganze Situation war ja auch höchst gespenstisch, wie passend also! Ein Gespenst macht allerdings kein Feuer im Ofen und auch kein Essen für die Kinder, ein Gespenst erschreckt die Kinder einfach nur!

Dadurch, dass sich Martina ihrem Kindheitstrauma nun endlich stellen kann, löst sich vieles in ihrem Leben. Als Schriftstellerin schreibt sie nun viele weitere Geschichten, in denen Kinder die Hauptrolle spielen. Das Schreiben ist, nicht nur für sie, eine weitere Möglichkeit, die Geschehnisse aus der eigenen Kindheit zu verarbeiten.

Bisher schrieb Martina es weitgehend aus unbewussten Motiven, denn sie wollte auf diesem Wege sicherlich ihr eigenes inneres Kind erlösen und befreien.

Jetzt, wo sich Bewusstsein und Unterbewusstsein von Martina besser vernetzt haben, macht ihr das Schreiben auch nochmal mehr Freude.

Was will der schwarze Mann von mir?

-Schlafstörungen bearbeiten-

»Albträume sind die intensivsten Gefühle, die man so haben kann.«

Sabrin Tambrea, deutsch-rumänischer Schauspieler

Vielleicht kennst du das Spiel: Wer hat Angst vorm schwarzen Mann? Darin kommt der schwarze Mann als Gruselfigur vor. Weißt du eigentlich, dass diese Figur ihre Entstehungsgeschichte zu Zeiten der Pest hatte, und als der sogenannte schwarze Tod bezeichnet wurde?

Offensichtlich ist die Symbolik des angsteinflößenden schwarzen Mannes in unserem kollektiven Unterbewusstsein bis heute verankert. Diese Symbolik hat allerdings nichts mit der Hautfarbe oder gar rassistischen Gedanken zu tun.

Erstaunlicherweise spielt der schwarze Mann bei dem neunjährigen Lukas noch heutzutage eine wichtige Rolle. Besorgte Eltern rufen bei mir an, dass ihr Sohn fast jede Nacht aufwacht. Er träumt immer wieder vom schwarzen Mann. Sein massives Durchschlafproblem belastet die ganze Familie. Die Eltern erkundigen sich, ob denn ein Kind bereits therapeutische Innenweltreisen machen kann.

Kinder haben erfahrungsgemäß sogar einen leichten Zugang zu ihren inneren Bildern. Bei ihnen dauern dann die Synergetischen Innenweltreisen auch nicht so lange wie bei Erwachsenen. Sie spielen sozusagen in einem Kurzfilm mit, statt in einem komplexen Kinofilm.

So ist es auch bei Lukas. Schnell taucht in seiner Innenwelt tatsächlich der besagte schwarze Mann auf. Ich ermutige Lukas, ihn doch mal anzusprechen und vielleicht etwas zu fragen. Lukas findet die Idee gut und hat keine Scheu, direkt zu fragen: »Schwarzer Mann, warum hast du denn einen Haken am linken Arm, und keine Hand?«

Der schwarze Mann antwortet, dass er doch mit dem Haken immer die bösen Träume verscheucht. Lukas staunt und fragt weiter neugierig nach: »Dann bist du ja eigentlich für mich, und nicht gegen mich?«

»Genau«, sagte der schwarze Mann, »ich bin für dich und beschütze dich vor deinen bösen Träumen!«

»Cool« sagte Lukas, und das war auch schon die Lösung. So schnell kann das bei Kindern gehen.

Dann fragte ich Lukas, ob und wieviel er seinen Eltern von diesem Ergebnis erzählen möchte. Er sagte: »Ach, das können die schon wissen.« Das Vor- und Nachgespräch wurde mit den Eltern und Lukas gemeinsam geführt, die Innenweltreise machte Lukas aber nur mit mir, so hatten wir das vorher zusammen besprochen und beschlossen.

Die Eltern wundern sich zwar anfangs über die ungewöhnliche Lösung. Doch sie können jetzt besser einordnen, was ihr Sohn mit dem schwarzen Mann meint.

Und sie bemerken danach tatsächlich, dass Lukas nachts viel seltener aufwacht. Und falls doch, kann er sich meist selbst beruhigen.

Ich freue mich für jedes Kind oder jeden Jugendlichen, der möglichst früh im Leben die Erfahrung macht, dass wir etwas mit unseren inneren Bildern anfangen können.

Wir sind ihnen also nicht hilflos ausgeliefert, sondern können diese sogar zu unseren Freunden und Unterstützern machen.

Und die jungen Menschen haben auch im weiteren Verlauf ihres Lebens viel länger etwas von der Lösung, als mancher Erwachsene, der sich vielleicht erst mit 40 oder 50 Jahren auf die Suche macht, seine Innenwelt besser zu verstehen.

Chronische Halsschmerzen loswerden

-Organsprache verstehen und Krankheitshintergründe aufarbeiten-

Judith ist eine erfolgreiche Ärztin mit eigener Praxis. Sie hat sich außerdem rein theoretisch, wie sie selbst sagt, schon viel mit Selbsterfahrung und Bewusstseinserweiterung beschäftigt. Das heißt, sie hat viele Bücher zu diesen Themen gelesen und verfügt über ganz viel Wissen zu Persönlichkeitsentwicklung und -entfaltung.

Sie formuliert das so treffend: »Ich weiß alles über mich, und kann nichts in meinem Körper umsetzen.«

Rein körperlich klagt sie über chronische Halsschmerzen, die sie schon mit jeglichen Möglichkeiten der Schulmedizin nicht losgeworden ist.

Sie macht also eine Synergetische Innenweltreise, und wünscht sich dabei eine Anleitung zur Selbstheilung. Ich bitte daher Judith, sich die chronischen Halsschmerzen einmal zu visualisieren. Sie beschreibt diese als ein Schwämmchen, das von innen in ihren Hals eingewachsen ist. Als ich nachfrage, was sie mit dem Schwämmchen nun machen wolle, sagt sie: »Herausziehen wäre zu gefährlich, da hängen zu viele Blutsysteme dran, und es würde meinen Hals zerreißen!«

Also forschen wir weiter, bei welcher Gelegenheit denn das Schwämmchen überhaupt in ihren Hals gekommen ist. Sie meint: »Bei allen Gelegenheiten, wo ich etwas herunter geschluckt habe, und nichts gesagt habe und mich nicht gewehrt habe!«

Ich bitte sie, doch mal zur ersten derartigen Gelegenheit in ihrer Vergangenheit zurückzugehen. Sie sieht sich selbst als Zwölfjährige, die von ihrem Vater ins Wohnzimmer gerufen wird. Sie soll einer Rita am Telefon »Hallo« sagen, sie kennt allerdings keine Rita. Es stellt sich heraus, dass es sich um den sogenannten Kurschatten des Vaters, was ihr Vater süffisant klarmacht.

Judith fühlt sich genötigt, gedemütigt und ohnmächtig. Sie bringt es allerdings nicht fertig, ihren Vater darauf anzusprechen und wechselt ein paar Worte mit dieser Rita, obwohl ihr klar ist, dass sie damit ihrer Mutter in den Rücken fällt. Die Mutter ist nicht da.

Das ist die erste Schlüsselsituation, der später noch viele Ähnliche, auch mit anderen Menschen, folgen werden. Es geht immer wieder um das Gefühl: »Ich sollte mich wehren, doch ich weiß nicht wie.«

Mir fällt die Ähnlichkeit zu dem Satz auf, den Judith anfangs gesagt hat: »Ich weiß alles über mich, und kann nichts umsetzen.«. Denn Judith wusste ja vom ersten Telefonat mit dieser Rita an, dass sie es eigentlich nicht tun sollte. Aus der Wiederholung der ohnmächtigen Situationen wurde im Laufe der Zeit dieser tief verankerte Glaubenssatz.

Also machen wir uns in der Innenwelt an mögliche Lösungen, und zwar bereits in ihrem Rückblick als Zwölfjährige. Ich schlage ihr vor: »Könntest du dir vorstellen, deinem Vater zu sagen, du kennst ja gar keine Rita, und dann wieder in dein Zimmer zu gehen?« Oder sie könne ja sogar zu der unbekannten Frau sagen, dass sie nicht mit ihr sprechen wolle? Wichtig ist es, immer mehrere Alternativen anzubieten, so dass es keine Vorgaben werden.

Nein, das würde beides nicht gehen, stellt Judith resigniert fest! Wiedermal ein Beispiel dafür, dass Anregungen von außen (in dem Falle von mir) reine Vorschläge bleiben, denn sie können bestenfalls etwas anregen, müssen aber nicht 1:1 umgesetzt werden.

Wir überlegen nun weiter, ob nicht jemand dazu kommen könne, der das Telefonat dadurch stört.

Da kommt in ihrer Vorstellung sofort ihre Mutter hinzu und schreit ihren Mann an: »Was bildest du dir ein, Judith in dein Fremdgehen so schamlos mit einzubeziehen. Das ist ja wohl das Letzte! Pack sofort deinen Koffer und geh! Ich will dich hier nicht mehr sehen!«

O.k., damit hat sich Judith zwar noch nicht selbst gewehrt, aber immerhin musste sie nicht mehr mit der ominösen Rita sprechen.

Weiter geht es mit ähnlichen Situationen, in denen Judith zwar weiß, dass sie sich wehren müsste, es jedoch nicht tut. Es geht als Nächstes um ihre Schulfreundin Angelika, die sie hinter ihrem Rücken schlecht macht. Hier kann sich Judith jetzt vorstellen, dass sie Angelika darauf anspricht.

»Angelika, ich habe gehört, du verbreitest Gerüchte über mich. Das möchte ich nicht. Stelle das bitte klar, oder ich werde unsere Freundschaft beenden.«

Wow, sie hat jetzt ähnlich kraftvoll wie ihre Mutter gesprochen und deutlich Grenzen gesetzt. Wir spielen weiter durch, wie Angelika tatsächlich die Gerüchte wieder aus der Welt schafft und wie es Judith dadurch besser geht.

Durch eine Nachfrage als Rückkopplung zum Krankheitsbild erfahren wir, dass das Schwämmchen im Hals nun zu schmelzen beginnt. Das heißt, es muss gar nicht mehr heraus gezogen werden, sondern es löst sich langsam auf.

Judith macht die Erfahrung, dass sie zuerst in der Innenwelt lernt und gewissermaßen sogar trainiert, wie sie sich wehren und artikulieren kann. Als sogenannte Hausaufgabe soll sie auf zukünftige Situationen achten, wo sie nach der Innenweltreise auch in der Außenwelt diese Fähigkeit anwendet.

Schnell ergibt sich dafür eine Möglichkeit. Im Supermarkt fährt ihr jemand mit dem Einkaufswagen in die Hacken. Anstatt sich zu entschuldigen, wird der Mann noch frech: »Na und, wenn Sie in der Schlange nicht von alleine nach vorne fahren, Sie blöde Kuh!«

Judith sagt zu ihm: »Davon, dass sie mir hier in die Hacken fahren, sind sie auch nicht schneller dran!« und fühlt sich großartig. Früher hätte sie nichts gesagt und still gelitten.

In der zweiten Innenweltreise erforschen wir weitere, sogenannte selbstähnliche Situationen, in denen es ums konsequente Eintreten für die eigenen Belange geht. Es fällt Judith immer leichter, sich zu wehren und rechtzeitig abzugrenzen. Auch im Berufsleben kann sie die neue Fähigkeit anwenden. In ihrer Praxis gibt es nämlich eine Sprechstundenhilfe, die sich gelegentlich aufführt, als wäre es ihre eigene Praxis.

Judith sagt zu ihr: »Wenn ich etwas anordne, können Sie es nicht ohne Rücksprache mit mir dem Patienten gegenüber anders machen.« Nun ist das Schwämmchen in ihrem Hals vollständig aufgelöst.

Judith berichtet mir einige Wochen später, dass die vorher chronischen Halsschmerzen nun verschwunden sind.

Wie spannend, dass ausgerechnet eine Schulmedizinerin diesen bildhaften Weg der Aufarbeitung von Krankheitshintergründen gegangen ist. Danke für deine Offenheit und dein Vertrauen, liebe Judith.

Kapitel 9: Häufige Fragen

Ist das Unterbewusstsein nicht gefährlich?

Probleme sind Pro-bleme, und kein Kontra-bleme.

»Denn wären Probleme unsere Feinde, würden sie Kontrableme heißen.«

Bärbel Mohr, deutsche Autorin und Referentin

Ich hoffe, du hast bis hierhin für dich selbst den Eindruck gewinnen können, dass dir nicht »der Kopf abgerissen wird«, wenn du dich mit deinem eigenen Unterbewusstsein näher beschäftigst.

Wenn du dich an die vier Elemente aus Kapitel 4 erinnerst: in ritualisierter Form kommst du leichter an deine inneren Bilder, und die Tiefenentspannung hilft dir dabei. Mit professioneller Begleitung lernst du es, deine inneren Bilder laut anzusprechen, und dadurch deren genaue Bedeutung zu verstehen.

Dabei gibt es stets einen natürlichen Schutz durch dein Unterbewusstsein, welche inneren Bilder es dir denn am jeweiligen Tag überhaupt zeigen möchte – und welche eben nicht.

Es ist wie bei einer Zwiebel: Schicht für Schicht kannst du deine Themen angehen. Du wirst dann mit jeder einzelnen Schicht mehr Vertrauen gewinnen, dass es ja letztendlich du selbst bist, der oder dem du tiefer begegnest.

Und wenn du aktuell etwas *nicht* anschauen möchtest, kannst du ein Thema auch jederzeit sicher vertagen. Das wird im Zuge der Synergetischen Innenweltreise gleich bildhaft und damit eindeutig gemacht. Deine Therapeutin hilft dir dabei.

Ein Beispiel:

Pedro, um die 40, erinnert sich an seinen Vater. Dieser hatte ihm mit Zynismus und Sarkasmus die Kindheit schwer gemacht hat.

Pedro hat aber keine Lust, sich in seiner ersten Synergetik-Sitzung ausgerechnet mit seinem Vater zu befassen. Ich frage ihn, was er mit dem inneren Bild seines Vaters solange machen möchte, bis er dazu später einmal bereit wäre. Pedro hat eine ungewöhnliche, aber für ihn sehr stimmige Idee: sein Vater (sprich: das Bild seines Vaters) wurde in den Orbit geschossen und dort umkreist nun der Vater die Erde auf seiner eigenen Umlaufbahn.

Pedro fragt dann noch laut das Bild seines Vaters, ob es bereit wäre, so lange im Orbit zu kreisen, bis er (und nur er!) es dort wieder wegholen würde. Dann allerdings würde er sich gerne die Zeit nehmen, die Themen mit seinem Vater endlich mal zu klären. Der Vater ist einverstanden, und Pedro kann sich dem zuwenden, was er an diesem Tag lieber ansehen will.

»Sich nicht mit seinem Unterbewusstsein zu beschäftigen, ist gefährlich.«

Heike Sansoni - richtig, die Autorin

Das ist sowohl meine persönliche Lebenserfahrung, als auch meine berufliche Erfahrung aus 22 Jahren Therapeutinnen Tätigkeit. Lieber wende ich mich doch den Themen des Lebens zeitnah zu, und habe dann beim nächsten ähnlich gelagerten Problem bereits eine passende individuelle Lösungsmöglichkeit in petto.

Denn was passiert, wenn ich alles vor mir herschiebe? Der liebe Körper muss alles schlucken oder tragen, je nachdem, wo die persönlichen Schwachstellen des Körpers so sind. Von Magenproblemen über Verspannungen oder Schlafstörungen bis hin zu ernsthaften Erkrankungen ist dabei alles drin!

Zu diesen Zusammenhängen gibt es bereits viele gute Bücher. Ich empfehle an dieser Stelle gern noch einmal das Buch des österreichischen Arztes Ruediger Dahlke:

»Krankheit als Symbol. Ein Handbuch der Psychosomatik. Symptome, Be-Deutung, Einlösung«.

In diesem Klassiker kannst du zum jeweiligen Krankheitsbild nachschlagen, was es für mögliche archetypische Krankheitshintergründe gibt. Damit ist gemeint, welche Hintergründe für eine bestimmte Gruppe von Menschen mit ähnlichen Themen zutreffen können.

Davon werden nicht alle Faktoren auf dich persönlich zutreffen, aber einige sicherlich schon. Beschäftige dich mit dem, was dich anspricht, und ergründe in einer Synergetischen Innenweltreise oder einem Profiling zusätzlich deine individuellen Faktoren, die zu einer Krankheit geführt haben. Das sind dann die Auslöser, die das Fass zum Überlaufen bringen, und wo du wunderbar etwas klären und damit aufarbeiten kannst.

Zum Synergetischen Profiling findest du im Kapitel 1 einen extra Abschnitt.

Außerdem gibt uns Ruediger Dahlke Hinweise zu Bearbeitung und Einlösung. Diese liefern ebenso wertvolle Ansatzpunkte, um danach individuell und »maßgeschneidert« Krankheitshintergründe zu bewältigen.

»Der Körper ist der Übersetzer der Seele ins Sichtbare.«

Christian Morgenstern, deutscher Dichter

Kann ich etwas falsch machen?

Ja, du kannst bei einer interaktiven Synergetischen Innenweltreise etwas falsch machen.

Entweder du hast zu hohe Erwartungen an dich oder an die Informationen aus deiner Innenwelt, speziell bei einer ersten Innenweltreise. Dann wäre die Gefahr da, dass du dich selbst blockierst oder überforderst.

Ich würde dir dann raten, diese Überforderung direkt als Thema für den Einstieg zu nehmen. Vielleicht ist es ja sogar ein Muster aus verschiedenen Lebenssituationen, dass du hohe Erwartungen an dich selbst hast und dich gerne mal überforderst? Und über diesen Einstieg in deine Innenwelt arbeiten wir sogar schon konkret an deinem Thema!

Was ebenfalls falsch wäre: mitten in einer Innenweltreise aufzuhören. Du erinnerst dich an den Vergleich zu deinem eigenen Kinofilm? Auch bei einem Kinofilm gehst du ja üblicherweise nicht mittendrin plötzlich nach Hause. Dann erlebst du nämlich nicht, wie der Film ausgeht. Und es bleibt etwas Unvollständiges, worüber du sicherlich weiter nachgrübelst.

Also, traue dich, in Begleitung einer erfahrenen Therapeutin oder eines erfahrenen Therapeuten, auch mal unangenehmen Erinnerungen zu begegnen. Ich bin mir sicher, es gibt eine Möglichkeit, die Dinge dann neu zu betrachten. Und das setzt dann wiederum viel Energie und Lebensfreude in dir frei.

Falls du etwas siehst, was du *nicht* als wichtig erachtest, so etwas gibt es nicht. Alle inneren Bilder, die frei fließend aus dir selbst auftauchen, gehören zu dir und sind also wichtig.

Ein Beispiel:

Marcel macht zum ersten Mal eine Synergetische Innenweltreise. Er sieht dabei immer mal wieder im Hintergrund einen Wikinger durchs Bild laufen.

Das erwähnt Marcel jedoch nicht gleich, sondern erst gegen Ende, als der Wikinger ihn immer wieder vermeintlich »stört«, und ihn das nervt.

Dieser Wikinger stellt sich später als eine Schlüsselfigur heraus, als er nämlich von Marcel endlich angesprochen wird: »Du nervst! Was willst du von mir?«.

Der Wikinger antwortet, er möchte Marcel unterstützen im Kampf gegen die Unbilden des Alltags, und zwar mit seiner Stärke und Entschlossenheit!

Marcel nimmt nun die Unterstützung dankend an und wundert sich über sich selbst. Er hat nämlich zuvor Angst gehabt, dass der Wikinger ihn selbst bedrohen wollte!

Wir kommen dadurch gemeinsam darauf, dass Marcel bisher Angst hatte vor seiner eigenen Stärke – denn nichts anderes ist der Wikinger schließlich, als ein Anteil von ihm selbst.

Marcel und sein Wikinger haben im weiteren Verlauf, sowohl in der Innenwelt als auch in der Außenwelt, noch einige Begegnungen miteinander, nämlich immer dann, wenn es um entschlossenes Handeln ging.

In der Außenwelt sieht es jetzt konkret so aus: wenn Marcel einen wichtigen Termin hat, stellt er sich vor, er würde diesen nicht alleine wahrnehmen, sondern mit dem Wikinger an seiner Seite. Das gibt ihm eine innere Stärke, die er selbst spürt und dann im Gespräch nutzen kann.

Überflutet von Erinnerungen?

Das wird nicht passieren.

Ich verweise auf das Prinzip der Zwiebelschichten, sowie auf die Möglichkeit, Themen zu vertagen. Das habe ich beides weiter vorn im Kapitel 9 beschrieben.

Dich in deine Innenwelten zu begeben, ist möglicherweise eine der spannendsten Reisen, die du unternehmen kannst! Dabei verschaffst du dir üblicherweise in der ersten Innenweltreise einen Überblick über deine anstehenden Themen. Das geht mit folgendem Hilfsmittel:

Du stellst dir vor, jedes Thema ist hinter einer Tür verborgen. Auf jeder Tür kann sogar eine Aufschrift oder Schild stehen, was sich genau dahinter zeigen wird.

Als Beispiel: Petra sieht eine Tür mit der Aufschrift »Eltern«, dann eine mit einem Namen »Thomas« (ihr Lebenspartner), eine mit dem Hinweis »Tinnitus« und eine mit einem »Fragezeichen«.

Sie entscheidet dann selbst, welche Tür sie zuerst öffnen möchte. Dabei wählt sich nicht als erstes das Fragezeichen, denn das birgt für sie noch die größte Ungewissheit.

Petra nimmt zuerst die Tür mit dem Hinweis »Thomas« und klärt einiges Aktuelles in ihrer Beziehung.

Erst danach setzt sie sich auch noch mit dem unbekannten Thema, also dem Fragezeichen, auseinander.

Es stellt sich heraus, dass es dabei um eine wichtige Entscheidungsfrage für Petra geht, daher macht auch das Fragezeichen total Sinn. Nun kann sie auch dazu eine Klärung finden.

Über das Hilfsmittel der inneren Türen kannst auch du auch wunderbar dosieren, wie viele Themen du an einem Tag betrachten möchtest. Besser ist es, wenn du dir Zeit nimmst, die einzelnen Themen in Ruhe und in ihrer Komplexität zu erforschen.

ÜBUNG

Stelle dir vor, dein Leben wäre eine Torte und hat Tortenstücke. Üblicherweise sind es ja 12 Tortenstücke. Vielleicht hat deine Torte auch eine andere Stückzahl?

Die einzelnen Tortenstücke stehen symbolisch für verschiedene Lebensbereiche: beispielsweise Beruf, Gesundheit, Partner, Wohnsituation, Geld, Kinder, Freunde, Ziele, Talente, Mutter, Vater und Selbstwert.

Na, was sind deine Tortenstücke? Schreib es auf.

Mit Hilfe dieser Tortenstücke verschaffst du dir einen Überblick, was für Lebensbereiche mit welchen aktuellen Themen du überhaupt hast.

Doch genau wie bei einer echten Torte wirst du nicht alles an einem Tag essen wollen, denn sonst wird dir sicherlich schlecht. Ein Tortenstück schmeckt lecker und zwei schaffst du vielleicht auch noch. Doch mehr ist dann wahrscheinlich nicht mehr bekömmlich.

So funktioniert das auch in der Innenwelt. Wenn du dich einem Thema (also einem Tortenstück aus deiner »Thementorte«) widmest, ist das eine sinnvolle Einheit. Doch gleich danach, in einer Innenweltreise, ein weiteres Thema zu beginnen und ein drittes vielleicht zu streifen, macht keinen Sinn.

Lieber lass die Lösung des einen Themas erst mal wirken und genieße die positive Wirkung. Später löst du dann das nächste Thema auch wieder gründlich und in seiner ganzen Komplexität, so wie ja auch das Leben komplex und vielschichtig ist.

Und wenn bei mir alles nur schwarz ist?

»Ihr habt doch Augen – könnt ihr nicht sehen? Erinnert ihr euch denn nicht?«

Jesus von Nazareth

Es kann passieren, dass wir uns nicht (gleich) erinnern, und alles nur schwarz erscheint. Doch in dem Schwarzen oder hinter dem Schwarzen verbirgt sich oftmals etwas. Um das herauszufinden, dabei unterstützt dich gern deine Synergetik-Therapeutin.

Ich habe es in der Geschichte von Sigrid beschrieben. Du hast sie weiter vorn gelesen im Kapitel: »Bin ich zu alt für einen neuen Job?«. Bei Sigrid war es der schwarze Vorhang in einem Theater, der sich dann langsam hob.

Ohne Begleitung würdest du vielleicht, genau wie Sigrid anfangs annehmen, du siehst gerade nichts, wenn alles schwarz ist.

Fragen von außen können dir weiter helfen, z.B.:

- Es ist gerade dunkel, vielleicht ist es nachts. Möchtest du warten bis die Sonne langsam aufgeht?
- Hast du eine Taschenlampe oder ein Streichholz dabei und möchtest mal Licht machen?

Es können auch Fragen verwendet werden, die auf das Schwarze als solches eingehen:

- Wenn bei dir alles schwarz ist, wie geht es dir damit?
- Wie fühlt sich das in deinem Körper an, wenn alles schwarz ist?

Sebastian, ein junger Mann, sieht anfangs vor seinem inneren Auge alles dunkel. Er denkt natürlich erst mal, er macht das nicht richtig, weil er nichts sieht, außer eine schwarze Fläche. Doch über die eben beschriebenen Fragen kommt er an seine Angst vor der Dunkelheit sowie die nächtliche Ängste, die er aus seiner Kindheit kennt.

Über die konkreten Kindheitserinnerungen tauchen dann weitere innere Bilder auf, die ihm einiges auch in der Gegenwart verständlicher machen – z.B. seine Ängste, abends durch wenig beleuchtete Straßen zu laufen.

Sebastian baut im Zuge der Synergetik-Therapie nach und nach seine Angst vor dem Dunkel ab und kommt danach auch leichter an andere innere Bilder.

Wenn unsere Innenwelt lebendiger und bunter wird, hat das eine direkte Auswirkung auf unsere Lebendigkeit und unser Selbstwertgefühl. Wir werden in der Außenwelt handlungsfähiger. In der Sprache der Synergetik-Therapeuten heißt das: wir erlangen mehr Handlungskompetenz.

Handlungskompetenz! Ich liebe dieses Wort: wir haben mehr Kompetenz, zu handeln – wie wunderbar!

Genau das wünsche ich dir, meiner lieben Leserin und meinem liebem Leser. Und ich leite hiermit über zum Teil 3, wo mögliche nächste Schritte für dich beschrieben sind, verbunden mit einer herzlichen Einladung dazu.

Teil 3:
Nächste Schritte

Kapitel 10: Interviews sehen / hören / lesen

Vielleicht hast du nun Lust, einmal eine Innenweltreise zu sehen.

Livesendung im Online-TV

Ich wurde von Jeet Liuzzi, einem italienischen Doktor der Soziologie, nach Bayern eingeladen. Dort stellte ich in seinem Online-TV-Sender Jeet.TV die Methode der Synergetik-Therapie vor. Dabei wurde sogar eine spontan durchgeführte Synergetik-Innenweltreise mit Sabine Liuzzi gesendet. Die Zuschauer waren eingeladen, die Entspannungsinduktion am Beginn der Innenweltreise mitzumachen. Sie konnten danach ihre Fragen stellen und riefen aus Deutschland, der Schweiz und Österreich an, um ihre Beobachtungen und Gefühle zum Gesehenen mitzuteilen.

Es war eine sehr interessante Erfahrung für mich, das live zu beantworten.

Du kannst dir also einen Eindruck verschaffen, indem du dir so eine Innenweltreise einmal ansiehst. Außerdem kannst Du gleich noch sehen, wie ich im Alter von 48 Jahren ausgesehen habe.

Du findest die Sendung in zwei Teilen auf YouTube. Sie hat den Titel:

»Heike Sansoni, Synergetische Innenweltreisen 2008«.

Teil 1 ist der Film mit 1:20:52 Stunden, dort siehst du das Interview und die Live-Synergetik-Sitzung.

Entweder du gibst auf YouTube meinen Namen ein, dann findest du den Beitrag leicht. Oder du verwendest den folgenden Link:

youtube.com/watch?v=ynAjtP5Lj8w&t=3576s

In Sabines Innenweltreise geht es auch um Mut, genau wie in diesem Buch! Für sie gestaltet es sich in ihren inneren Bildern so, dass ihre Neugier sie pusht. Gemeinsam mit der Neugier begibt sie sich auf den Weg des Mutes hin zur Dankbarkeit. Das sind ja wahrhaft philosophische Zusammenhänge! Der Wille spielte auch kurz eine Rolle, doch er allein brachte nicht das gewünschte Ergebnis. Auch das ist recht symbolisch.

Teil 2 ist der Film mit 57:04 Minuten, der Link lautet:

youtube.com/watch?v=vtCxnyKzME4&t=4s

Im Teil 2 siehst du eine Auswertung der Innenweltreise sowie die Zuschauerfragen.

Danke nochmal an Jeet und Sabine, dass wir diese Sendung zusammen machen konnten, und dass Jeet die Filme nach all den Jahren jetzt auf YouTube hochgeladen hat. Viel Spaß beim Ansehen.

Kulturradio vom rbb

Hier stelle ich dir ein Interview vor, dass du dir anhören kannst. Es ist eine Radiosendung aus dem Kulturtermin Wissenschaft:

»Vom Patienten zum Klienten –
die Veränderung der Opferrolle.
Methoden der alternativen Krebstherapie«

Eine Sendung von Mona Motiramani, Wissenschafts-Journalistin im Rundfunk Berlin-Brandenburg rbb

Ich bekam Gelegenheit, beim rbb zum Thema Selbstheilung interviewt zu werden.

Am Beispiel von Gerda, die an Brustkrebs erkrankt war, wird ein Selbstheilungsweg beschrieben. Ich zitiere aus dem Interview: »Gerda Neumann denkt an das ganze Leid aus Verletzungen der Vergangenheit, die nie aufgearbeitet worden waren, die sie einfach in den Körper gedrängt hatte.«

Gerda selbst sagt: »Zum Beispiel habe ich gedacht, meine erste Ehe, die ist abgehakt, die ist erledigt für mich. Nein, nein. Die ganzen Verletzungen saßen noch im Unterbewusstsein!«

Gerda absolviert fünf Synergetik-Sitzungen, in denen sie sich endlich ihren Themen auf einer tiefen Ebene stellt. Vor allem aber findet sie gleich Lösungen aus dem Unterbewusstsein und damit nachhaltige Entlastung. In ihren neuen inneren Bildern ist sie selbstbewusster und handlungsfähiger. Diese neuen Ansichten und

Erfahrungen bleiben erhalten und führen zu seelischer und schließlich körperlicher Gesundheit.

Ich zitiere weiter aus der Radiosendung: »Alle Patienten haben deutlich große Lebensveränderungen gemacht. Sie haben in der Regel visualisiert oder meditiert, haben eine andere Beziehung zu Gott gefunden, haben aber auf jeden Fall eins gemacht, sie haben herausgefunden, welche Lebensumstände dazu beigetragen haben, dass sie eben auch diesen Tumor entwickelt haben. Und dann ist der – last, not least – aber der am schwierigsten für viele Patienten zu verwirklichende Teil: der psychische oder mentale, religiöse, spirituelle, wie auch immer man das nennen will.«

Diese Worte stammen von Lothar Hirneise, dem Forschungsdirektor der nationalen Stiftung für alternative Medizin in Washington D.C. Hirneise ist Gründer des 3E Gesundheitszentrums für ganzheitliche Therapien in Baden-Württemberg.

Möchtest du dir das Interview im Kulturradio vom rbb komplett anhören? Dann verwende diesen Link:

http://www.synergetik-berlin.de/01-Track%201.mp3

Johann Wolfgang von Goethe formulierte es so:

»Hast du nach innen das Mögliche getan, gestaltet sich das Äußere von selbst.«

Diese geniale Erfahrung von Goethe bezieht sich auf beliebige Situationen im Leben und ist überall anwendbar: auf unsere Gesundheit wie auf unsere Liebesbeziehungen, auf unseren beruflichen Werdegang sowie unser spirituelles Wachstum.

Oft gehen die Themen Hand in Hand, wie wir es auch bei Gerda Neumann im Radiobericht hören können.

Artikel in der Zeitschrift KGS

Die Journalistin Haidrun Schäfer interviewte mich und sie ließ sich dabei sogar auf das Abenteuer einer eigenen Innenweltreise ein. Sie veröffentlichte diese Erfahrungen in der Zeitschrift KGS »Körper Geist Seele«.

Das komplette Interview kannst du unter diesem Link lesen: http://www.synergetik-berlin.de/synergetik-ablauf.html

Auszugsweise möchte ich hier die Visualisierung als Erlebnisreise abdrucken, mit den Worten von Haidrun Schäfer und ihrer freundlichen Genehmigung:

»Los geht´s. In einem Vorgespräch erzähle ich, was mich im Moment bewegt und natürlich taucht auch mein immer noch nicht verlegtes Buch-Manuskript auf. Zu Beginn der Entspannung habe ich das Gefühl, ich schwebe als Möwe – getragen nur vom Wind – über allem Irdischen. Als Höhenangstgeplagte genieße ich dieses Gefühl, einfach nur zu schweben und tanke meine Zellen voll von diesem angenehmen Zustand des Vertrauens.

Heike ermuntert mich, nach einem Hinweis für mein Buch zu fragen. Vor meinen geschlossenen Augen taucht das Bild eines Buchdeckels auf. Und nun? Wieder gibt Heike einen Impuls und schlägt vor, meinem Bauchgefühl eine Gestalt zu geben und es einzuladen.

Oh – es ist ein Kätzchen: scheu und vorsichtig, mit dem Bedürfnis, erst einmal einen geschützten Ort zu finden, von dem es die neue Umgebung erforscht.

Da mein Verstand ebenfalls ein wichtiger Begleiter in meinem Leben ist, soll ich auch ihn in den Wald einladen. Schwupps, da springt ein kleines Äffchen mitten rein ins Geschehen, schwingt von Ast zu Ast, agil, beweglich, lebendig. So habe ich meinen Verstand noch nie wahrgenommen. Er gefällt mir: flink und wendig – ein schöner Anteil von mir. Das Äffchen nimmt mich an die Hand und schwingt mit mir durch die Baumkronen.

Jetzt gebe ich auch noch meinem Schutzengel eine Form, denn den brauche ich bei meiner Verlagssuche. Es ist eine weiße Wolke mit einem Gesicht und dicken Wolkenbacken, mit denen er mir Aufwind zu pustet.

Mit diesen Begleitern mache ich mich auf den Weg und frage nach in dem Verlag, dem ich vor vier Monaten das Manuskript zugeschickt habe und der sich noch nicht gemeldet hat. Ich sehe die Lektorin in einem riesigen Papierberg sitzen, in dem sich wohl auch meine Geschichte befindet. Jetzt kann ich die Wolke bitten, mir zu helfen. Sie pustet in diesen Berg und auf einmal sitzt die Dame vor einem leeren Schreibtisch, auf dem nur mein Manuskript liegt. Ich fordere sie zum Lesen auf, sie tut es, liest weiter, liest sich fest: Es gefällt ihr! Na bitte.

Heike schlägt vor, jetzt meine Intuition zu fragen, ob es noch einen anderen Verlag gibt, an den ich das Manuskript schicken könnte.

Die Wolke bläst und ein Verlag schießt mir durch den Kopf. Wieder ermuntert mich Heike, mir den Lektor vorzustellen – ja, diesmal ist es ein Mann – wie er die Geschichten liest. Auch ihm gefallen die Texte. Also werde ich gleich morgen diesen Verlag anrufen. Danke für den Tipp!«

Inzwischen hat Haidrun Schäfer tatsächlich ein Buch gemeinsam mit einem anderen Autor veröffentlicht. Dazu meinen herzlichen Glückwunsch!

Netzwerk für ganzheitliche Gesundheit

Hier kannst du noch einmal einen Filmbeitrag online anschauen. In Potsdam gibt es das Netzwerk für ganzheitliche Gesundheit, gegründet durch Lydia Poppe. Sie ist Redakteurin und Sozialpädagogin sowie begeisterte Netzwerkerin.

Während eines Lockdowns zu Corona-Zeiten interviewte sie mich per zoom. Es geht dabei um die Versöhnung innerer Persönlichkeitsanteile mit der Methode Synergetik-Therapie.

Du findest das Interview auf YouTube unter dem Titel:
»Mit Hilfe der inneren Bilder – Heike Sansoni«

Oder du verwendest gleich den folgenden Link:
youtube.com/watch?v=q1QXBFDKqzQ&t=189s

Viel Spaß beim Ansehen.

Kapitel 11: Eigene Erfahrungen machen

Hast du nun Lust und Inspiration bekommen, eigene Erfahrungen mit interaktiven Synergetischen Innenweltreisen zu machen? Traue dich, dir in deiner Innenwelt selbst zu begegnen. Sozusagen: »Film ab!«

Ich unterstütze dich sehr gern mit all meiner langjährigen Erfahrung, in denen ich Menschen vertrauensvoll und achtsam staunend in ihre Innenwelt begleite.

Dabei ist mir klar geworden, dass keine Innenwelt der anderen gleicht. Wir alle bewerten und verarbeiten Erlebnisse vielleicht ähnlich, aber nicht gleich. Außerdem kann eine Innenweltreise ein und derselben Person an einem Tag vielleicht besinnlich und entspannend sein, an einem anderen Tag kraftvoll und dynamisch. Es ist auf jeden Fall ein faszinierender Weg, sich selbst besser kennen zu lernen!

Es gibt vielleicht einen Synergetik-Therapeuten in deiner Nähe. Sehr gern können wir uns direkt für Einzelsitzungen in meiner Stadtpraxis in Berlin-Schöneberg treffen, oder in meiner Landpraxis in Potsdam. Auch ein Therapieaufenthalt von einigen Tagen ist machbar. Schicke mir einfach eine Email.

Zusätzlich stelle ich dir hier gleich noch ein paar spezielle Möglichkeiten vor:

Themen- und Erfahrungsabende

Ein Themenabend ist ein einfacher Einstieg in die Welt der inneren Bilder. Damit wir dort eine gemeinsame Innenweltreise in der Gruppe machen können, gibt es pro Abend ein vorgegebenes Thema, z.B. »Klarheit« oder »Der innere Schweinehund«.

Stelle dir vor, der innere Schweinehund nimmt eine individuelle Gestalt an. Dann kannst du ihn beobachten, bei welchen Situationen in deinem Leben er eine Rolle spielt und dich vielleicht immer wieder von dem abhält, was du eigentlich tun möchtest. Du kannst mit ihm in Gedanken reden und ihn alles fragen. Vielleicht erfährst du dabei, dass er dich manchmal auch einfach nur zur Entspannung einladen möchte?

Zu solchen und ähnliche Fragen tauchen dann innere Bilder und Antworten auf.

Nach der Innenweltreise in der Gruppe werten wir diese Bilder und Informationen zusammen aus, dabei helfe ich dir gern. So hast du dann bereits einen ersten Eindruck gewonnen, was du alles für Schätze aus deinem Inneren heben kannst.

Visionstage

Immer am ersten Sonntag eines neuen Jahres gebe ich ein besonderes Tagesseminar, an dem du sozusagen deine eigene Hellseherin für das kommende Jahr sein kannst: den sogenannten Visionstag. Unsere Intuition ist dabei eingeladen, das Wesentliche für das neue Jahr schon vorab zu zeigen. Außerdem ist es eine hervorragende Möglichkeit, die eigene Intuition zu schulen, denn im Laufe des Jahres kannst du ja dann schauen, wie sich das im Einzelnen später umsetzt.

Weiter vorn, im Abschnitt »Du bist dein eigener Experte« habe ich dir von Ayşe erzählt, wie sie am Anfang des Jahres die Geburt ihres Babys vorher gesehen hat.

Auch du kannst Vorahnungen und Tendenzen für die nächste Zukunft haben, und diese beim Visiontag in einer Gruppeninnenweltreise präzisieren. Diese können sich auf die Bereiche Beruf, Partnerschaft, Reisen, Entscheidungen und vieles mehr beziehen.

Sei also sehr gerne mal dabei.

«Gehe einmal im Jahr irgendwohin,
wo du noch nie warst.«

14. Dalai Lama, geistliches Oberhaupt Tibets

Wanderseminare

Die Wanderseminare sind immer ein Highlight! Wir wandern jeweils zwei Tage, meist um einen idyllischen See, mit moderaten Strecken. Es geht eher darum, »in Bewegung sein«, um Schritt für Schritt eine neue Perspektive einnehmen zu können.

Wir wandern meist im Juni und September, so dass uns bisher immer gutes Wetter beschert wurde. Dadurch können wir bei einem Wanderseminar sogar eine gemeinsame Innenweltreise in der Natur durchführen. Das ist ein besonderes Erlebnis.

Ergänzt wird das Wanderseminar durch sogenannte Aufstellungen im Gehen. Das ist ein systemischer Ansatz, mit dem du eine konkrete Frage für dich anschaulich klären kannst.

Bei einem meiner Wanderseminare hat sich ein Paar ineinander verliebt und lebt jetzt zusammen – ja, auch solche Fügungen geschehen. In jedem Falle tun das Zusammensein und der Austausch mit Gleichgesinnten total gut.

»Manchmal zeigt sich der Weg erst, wenn man anfängt, ihn zu gehen.

Paulo Coelho, brasilianischer Schriftsteller

Einzelsitzungen per Zoom

Zu Zeiten des Corona-Lockdown haben wir alle einen Teil unserer Arbeit urplötzlich digital erledigen müssen. Und siehe da: die Innenweltreisen funktionieren auch digital, d.h. per Zoom oder Jitsi oder als Videoanruf per WhatsApp. Die Energie der seelischen Klärung, des Mitfühlens und der Entspannung baut sich auch über die Entfernung wunderbar auf. Also, wenn du weiter weg wohnst, kannst du getrost diese Variante wählen.

Ein einstündiges Anamnesegespräch vor einer ersten Innenweltreise ist ohnehin der Beginn der Zusammenarbeit. Rufe mich gerne an: 0177/2404257, oder schicke mir dazu eine Email an heike.sansoni@synergetik-berlin.de. Wir finden dann einen Weg.

»Die Entfernung hemmt nicht der Seelen stete Verbindung.«

Friedrich Nietzsche, deutscher Philosoph

Oder du kommst wie erwähnt gleich mal zu einem mehrtägigen Therapieaufenthalt nach Berlin oder Potsdam. Beide Städte sind immer eine Reise wert.

Synergetische Innenweltreisen erlernen

Das Synergetik-Institut in Hessen ist mittlerweile geschlossen, nachdem dort 18 Jahre lang Ausbildungen zum Synergetik-Therapeuten oder -Profiler stattfanden.

Wenn du daran interessiert bist, das vielseitige Handwerkszeug und auch die dahinter steckende Philosophie und Ethik bei mir zu erlernen, so melde dich sehr gern bei mir.

Bisher habe ich vier Weiterbildungsgruppen zum Synergetisch-/Systemischen Aufstellen geleitet, jeweils eineinviertel Jahre lang. Außerdem bin ich Supervisorin sowie Dozentin an Heilpraktikerschulen mehrerer Standorte, bringe also viel Erfahrung als Ausbilderin mit. Nun würde ich sehr gern mein Wissen und meine Erfahrungen zu den interaktiven Synergetischen Innenweltreisen weitergeben.

Wir werden dann sehen, ob und in welcher Form eine Gruppe in Berlin oder auch hybrid zustande kommt.

Du kannst dann später mit dieser besonderen und sehr effektiven Therapie- und Selbsterfahrungsmethode sicher viel Gutes bewirken.

Anhang

Über mich

Im Alter von 39 Jahren veränderte sich mein berufliches Leben komplett. Bis dahin war ich schon 18 Jahre lang als Ingenieurin und Fachbauleiterin für Lüftungs- und Klimatechnik tätig, die meiste Zeit davon freiberuflich.

Dieser Beruf hat mir ebenfalls Freude bereitet, war doch das Bauen stets ein dynamischer und interessanter Prozess. Es ging ähnlich wie in meinem jetzigen Beruf darum, Menschen zu inspirieren und ihre Stärken herauszuarbeiten. Die frühere Bauleiterin und die jetzige Therapeutin haben also tatsächlich einige Gemeinsamkeiten!

Doch damals stellte es mich nicht mehr zufrieden, mit den Menschen über Technik, Termine und Baukosten zu sprechen. In den Baubesprechungen, die ich leitete, kamen ohnehin immer mehr Themen zu Motivation und Persönlichkeit auf.

Wenn andere Menschen zu jener Zeit erraten wollten, was ich wohl arbeite, kam niemand auf die Idee, ich sei eine Bauleiterin. Das, was ich am meisten hörte, war die Annahme, ich sei Psychologin. Es wurden also schon die Weichen gestellt.

Dann hörte ich einen Vortrag darüber, dass man mit inneren Bildern in Tiefenentspannung arbeiten könne, als sogenannte Synergetik-Therapeutin. Das fand ich sensationell, dass es das als Beruf gibt!

Das Einzige, was ich mir in diesem Vortrag notiert habe, war die Adresse des Synergetik-Ausbildungsinstituts in Hessen. Und dort fuhr ich ab sofort fast drei Jahre lang regelmäßig hin, um die Arbeit mit inneren Bildern gründlich zu erlernen.

Es folgten viele Weiterbildungen an anderen Instituten und Schulen.

Und nun sind es schon über 22 Jahre geworden, dass ich mit dieser Methode der Synergetik-Therapie und -Innenweltreisen viele Menschen auf ihrem Lebensweg begleite. Es dürften fast 3000 Menschen sein, die im Laufe der Zeit zu mir gekommen sind.

Seit sechs Jahren bin ich außerdem als Dozentin an der Paracelsus-Heilpraktikerschule an verschiedenen Standorten tätig, um dort mein Wissen und meine Erfahrung weitergeben zu können.

Endlich schreibe ich jetzt mein Buch über die Erfahrungen, die ich als Therapeutin gesammelt habe. Als ich es fast zu Ende geschrieben habe, besuche ich das Sommerhaus von Albert Einstein in Caputh. An diesem schönen Ort hat er sein Glaubensbekenntnis geschrieben, was mich sehr anspricht. Es beginnt mit diesen Worten:

»Zu den Menschen zu gehören, die ihre besten Kräfte der Betrachtung und Erforschung nicht zeitgebundener Dinge widmen dürfen und können, bedeutet eine besondere Gnade.«

Das darf ich auf meine Weise auch erfahren und bin dafür sehr dankbar!

Weiter schrieb Einstein vom »Bewusstsein, der unsichtbaren Gemeinschaft derjenigen anzugehören, die nach Wahrheit, Schönheit und Gerechtigkeit streben.« – und das sind wir, du und ich – und alle, von denen dieses Buch handelt.

Feedback von Klienten

Die Namen in diesem Kapitel habe ich natürlich ebenfalls alle geändert, und mir das Einverständnis der Klienten zum Veröffentlichen ihres Feedbacks eingeholt. Für deren Zustimmungen bedanke ich mich ganz herzlich.

Horst, der die Synergetik-Therapie bereits kennt, empfiehlt sie seiner 96jährigen Nachbarin Else und begleitet sie zum Termin.

Er schreibt mir danach: »Hallo Heike, Else will weitermachen! Denn als wir von dir weg waren, da war sie so herrlich unbekümmert, wie lange nicht! Sie fand deine Sitzung WUNDERBAR. Viele Grüße Horst.«

Else ist übrigens meine älteste Klientin. Lukas, meinen jüngsten Klienten, habe ich dir ja im Kapitel 8 bereits vorgestellt: »Was will der schwarze Mann von mir?« Lukas ist neun.

»Hallo Heike, ich wollte dir sagen, dass ich mich bis heute wundervoll fühle. Es ist alles in Frieden mit mir. Ich bin froh, dass ich zu dir gekommen bin. Ich fühle mich immer ein Stück freier nach den Sitzungen. Ich bin froh, dass ich mich für eine Serie entschieden haben, denn sonst wären die Sitzungen ja schon fast vorbei. LG Marlies.«

Ruth wurde nach der Innenweltreise schwanger. Als das Baby da ist, schreibt sie mir:

»Hallo liebe Heike, Gott sei Dank geht es meiner kleinen pummeligen Tochter sehr gut. Sie wächst und gedeiht. Kann ja irgendwie immer noch nicht glauben, dass ich schon vorher in der Innenweltreise das Baby sah, genauso pummelig. Irgendwie glaube ich, sie hat dort Kontakt zu mir aufgenommen – eigenartig, was für eine Wendung, das war doch wirklich nicht vorherzusehen!? Sei umarmt von Ruth.«

Na, das war ja dann doch im wahrsten Sinne des Wortes vorhergesehen – von der eigenen inneren Weisheit durch die eigenen inneren Bilder. Toll!

»Ich muss dir sagen, dass mir die letzte Synergetik-Sitzung sehr geholfen hat. Ich halte mehr Gesprächspausen aus, Kleinigkeiten regen mich nicht mehr so auf. Ich bin dadurch auch wesentlich gelassener geworden. Liebe Grüße: Günther.«

»Liebe Heike, die Bilder hallen in mir nach und ich empfinde sie als sehr stimmig und zu mir gehörend. Eine Verdichtung, die mir zeigt, dass ich auf dem richtigen Weg bin. Love and Peace – Victoria.«

»Liebe Heike, ich wünsche dir viele neue Klienten, die die Kostbarkeit der Arbeit, die du machst, erkennen. In Liebe Nadine.«

»Eine Last ist von mir gefallen. Nur durch deine Begleitung wurde mein Problem Haus und die damit verbundenen vielen Verstrickungen aufgelöst. Nach jeder Sitzung verbesserte sich mein allgemeiner Gesundheitszustand und meine Neurodermitis.

Du machtest mir immer wieder Mut. So lösten sich Probleme zu meinen Gunsten. In meine Familie kehrte Frieden ein. Ich komme mit meinen Mitmenschen viel besser zurecht. Mein Selbstbewusstsein ist gestärkt. Viele Arbeiten gehen mir flotter von der Hand. Ich brauche nur noch zum Lesen eine Brille.

Vielen Dank für deine gute Arbeit, Deine Ausdauer, Toleranz und Achtung. Du hast mich dort abgeholt, wo ich stand. Ich bin ein großes Stück weiter gekommen in meiner beruflichen und persönlichen Entwicklung. In meinem Leben hat sich viel verändert. Mit äußeren Einflüssen gehe ich nun viel toleranter um.
Mit den besten Wünschen für dich: Ines.«

»Danke für die beiden Sitzungen mit dir, es hat mich wieder in meine innere Kraft gebracht, vor allem auch, weil viel Wut (=Energie, die gebunden ist) freigesetzt wurde. Das schenkt mir Energie, macht mich auch erwachsener.
Ich muss die Wut nun zum Glück auch nicht mehr unbewusst auf andere übertragen. Herzlichen Dank für deine ruhige, professionelle und herzliche Unterstützung auf meinem Weg sagt Kerstin.«

»Vielen lieben Dank für gestern! Ich fühle mich sehr fit und frei und mein Kiefer ist sehr entspannt, das ist wirklich phänomenal! Das hätte ich gar nicht gedacht! Spannend wie das immer alles zusammenhängt! Liebe Grüße Claire.«

»Ich bin so dankbar, dass ich dir vor Jahren begegnet bin und immer wieder den Weg zu dir gefunden habe. Mit all den Themen, die für mich oft sehr schambehaftet waren, konnte ich mich anvertrauen. Oft musste ich all meinen Mut zusammennehmen, um mich dem zu stellen, was da so bohrt und zutage tritt, aber das konnte ich eben bei dir.

Ich danke dir für deine herzerfrischende aufmunternde Art bei aller Schwere und Tiefe der Themen und Deine positive Denkweise – Du hast mir oft eine neue Perspektive, neue Zusammenhänge und Möglichkeiten eröffnet und mich somit auf verschiedenen Ebenen meines DASEINS privat und auch beruflich begleitet. Ich bin so dankbar, denn es hat sich gelohnt. Ich lächle, ich schmunzle, ich singe, ich tanze. Von Herzen Ilka.«

»Liebe Heike, ohne Hilfe schaffe ich es nicht – vielleicht ist es immer wieder das berühmte Loslassen, was ich bei dir übe. Ich empfehle dich oft und gern. Eine schöne Zeit von Jana.«

Dank und Bitte

Ich bedanke mich bei dir, liebe Leserin und lieber Leser, dass du diesen Weg mit mir gemeinsam gegangen bist. Es war mir eine Ehre, dir die Welt der kostbaren inneren Bilder näher zu bringen. Vielleicht bist du auf den Geschmack gekommen, diesen inneren Schatz zu heben, und dich selbst an die Erforschung deiner inneren Bilder zu machen.

Außerdem danke ich den Fügungen in meinem Leben, die mich selbst diesem Buch näher brachten.

In Gedanken hatte ich das Buch ja schon längst geschrieben, doch es gab im Alltag immer wieder Anderes, was Zeit und Aufmerksamheit brauchte. Dann sprach mich meine Kollegin Umani Wendler (www.manitu-books.de) an, ob ich an einem Coaching Programm für Autorinnen mitmachen möchte. Sehr gern!

Ohne dieses Programm der *Buchheld*innen* bei Yvonne Kraus hätte ich mich nicht zum Schreiben dieses Buches immer wieder disziplinieren können und so habe ich es zwischendurch zum Plan A gemacht. Danke, liebe Yvonne, für deine Geduld und Sachkenntnis. Yvonne und Umani haben mich auch beim Layout unterstützt.

Danke auch an meinen Ehemann Wolfgang, der mich zu diesem Buch immer wieder ermutigt hat. Wann immer ich ein Kapitel geschrieben hatte, war er natürlich mein erster Leser. Obwohl, eigentlich war er mein erster Zuhörer, denn er konnte sich entspannt zurücklehnen und ich habe ihm begeistert vorgelesen.

Danach hatte ich noch wunderbare und engagierte Probeleserinnen, bei denen ich mich hier noch einmal ganz herzlich bedanken möchte: Vivienne, Susanne und Dörte sowie Jörg. Euer Feedback hat mir sehr geholfen.

Und nun bist du meine Leserin oder mein Leser geworden, super! Ich hoffe, das Buch hat dir gefallen und dir Impulse gegeben.

Wenn das so ist, freue ich mich riesig über eine positive Rezension auf Amazon – denn damit unterstützt du mich sehr, mein Buch bekannter zu machen. Außerdem hilfst du damit anderen interessierten und suchenden Menschen, sich für dieses Buch zu entscheiden. Der einfachste Weg ist eine 1-Click-Bewertung, was nur einen kleinen Aufwand bedeutet. Über ein paar Worte zum Nutzen des Buchs für dich freue ich mich natürlich umso mehr. So eine Bewertung kannst du dort übrigens auch abgeben, wenn du das Buch direkt bei mir mit Widmung gekauft hast.

Ich freue ich mich, dich einmal bei einer meiner Lesungen begrüßen zu können. Ich komme dazu sehr gern zu dir in deine Gegend: in dein Lieblings-Yogastudio oder deine Lieblingsbuchhandlung, oder wo immer es thematisch dazu passt.

Auf bald!

Herzensgrüße von Heike Sansoni.

Stichwortverzeichnis

Eigene Notizen

Printed in Poland
by Amazon Fulfillment
Poland Sp. z o.o., Wrocław

10677046R00128